HUMANITIES AND SOCIETY

知识人的社会角色

Florian Znaniecki

[波兰] 弗洛里安·兹纳涅茨基 著 郑斌祥 译 郑也夫 校

译林出版社

图书在版编目（CIP）数据

知识人的社会角色／（波）弗洛里安·兹纳涅茨基著；郑斌祥译．—南京：译林出版社，2022.2
（人文与社会译丛／刘东主编）
书名原文：The Social Role of the Man of Knowledge
ISBN 978-7-5447-9035-2

Ⅰ.①知… Ⅱ.①弗… ②郑… Ⅲ.①知识社会学 Ⅳ.①C912.67

中国版本图书馆CIP数据核字（2022）第002207号

知识人的社会角色 ［波兰］弗洛里安·兹纳涅茨基／著 郑斌祥／译 郑也夫／校

责任编辑 张海波
特约编辑 童可依
装帧设计 胡 苨
校 对 蒋 燕
责任印制 单 莉

原文出版 Routledge, 1986
出版发行 译林出版社
地 址 南京市湖南路1号A楼
邮 箱 yilin@yilin.com
网 址 www.yilin.com
市场热线 025-86633278
排 版 南京展望文化发展有限公司
印 刷 江苏凤凰通达印刷有限公司
开 本 880毫米×1230毫米 1/32
印 张 7.375
插 页 2
版 次 2022年2月第1版
印 次 2022年2月第1次印刷
书 号 ISBN 978-7-5447-9035-2
定 价 49.00元

主编的话

刘　东

总算不负几年来的苦心——该为这套书写篇短序了。

此项翻译工程的缘起，先要追溯到自己内心的某些变化。虽说越来越惯于乡间的生活，每天只打一两通电话，但这种离群索居并不意味着我已修炼到了出家遁世的地步。毋宁说，坚守沉默少语的状态，倒是为了咬定问题不放，而且在当下的世道中，若还有哪路学说能引我出神，就不能只是玄妙得叫人着魔，还要有助于思入所属的社群。如此嘈嘈切切鼓荡难平的心气，或不免受了世事的恶刺激，不过也恰是这道底线，帮我部分摆脱了中西"精神分裂症"——至少我可以倚仗着中国文化的本根，去参验外缘的社会学说了，既然儒学作为一种本真的心向，正是要从对现世生活的终极肯定出发，把人间问题当成全部灵感的源头。

不宁惟是，这种从人文思入社会的诉求，还同国际学界的发展不期相合。擅长把捉非确定性问题的哲学，看来有点走出自我囿闭的低潮，而这又跟它把焦点对准了社会不无关系。现行通则的加速崩解和相互证伪，使得就算今后仍有普适的基准可言，也要有待于更加透辟的思力，正是在文明的此一根基处，批判的事业又有了用武之地。由此就决定了，尽管同在关注世俗的事务与规则，但跟既定框架内的策论不同，真正体现出人文关怀的社会学说，决不会是医头医脚式的小修小补，而必须以激进亢奋的姿态，去怀疑、颠覆和重估全部的价值预设。有意思的是，也许再没有哪个时代，会有这么多书生想要焕发制度智慧，这既凸显了文明的深层危机，又表达了超越的不竭潜力。

于是自然就想到翻译——把这些制度智慧引进汉语世界来。需要说明的是，尽管此类翻译向称严肃的学业，无论编者、译者还是读者，都会因其理论色彩和语言风格而备尝艰涩，但该工程却绝非寻常意义上的“纯学术”。此中辩谈的话题和学理，将会贴近我们的伦常日用，渗入我们的表象世界，改铸我们的公民文化，根本不容任何学院人垄断。同样，尽管这些选题大多分量厚重，且多为国外学府指定的必读书，也不必将其标榜为“新经典”。此类方生方成的思想实验，仍要应付尖刻的批判围攻，保持着知识创化时的紧张度，尚没有资格被当成享受保护的“老残遗产”。所以说白了：除非来此对话者早已功力尽失，这里就只有激活思想的马刺。

主持此类工程之烦难，足以让任何聪明人望而却步，大约也惟有愚钝如我者，才会在十年苦熬之余再作冯妇。然则晨钟暮鼓黄卷青灯中，毕竟尚有历代的高僧暗中相伴，他们和我声应气求，不甘心被宿命贬低为人类的亚种，遂把移译工作当成了日常功课，要以艰难的咀嚼咬穿文化的篱笆。师法着这些先烈，当初酝酿这套丛书时，我曾在哈佛费正清中心放胆讲道：“在作者、编者和读者间初步形成的这种‘良性循环’景象，作为整个社会多元分化进程的缩影，偏巧正跟我们的国运连在一起，如果我们至少眼下尚无理由否认，今后中国历史的主要变因之一，仍然在于大陆知识阶层的一念之中，那么我们就总还有权想象，在孔老夫子的故乡，中华民族其实就靠这么写着读着，而默默修持着自己的心念，而默默挑战着自身的极限！”惟愿认同此道者日众，则华夏一族虽历经劫难，终不致因我辈而沦为文化小国。

一九九九年六月于京郊溪翁庄

目　录

新版导言

刘易斯·A. 科塞

十五年后,当重读我在 1968 年为弗洛里安·兹纳涅茨基《知识人的社会角色》所作的导言时,我不禁产生这样一种感觉,当时我部分地是靠着一种在黑夜里吹口哨的冲动来鼓舞自己的。我仿佛觉得,在讨论知识社会学从马克思—曼海姆—舍勒的德国传统到以埃米尔·涂尔干和马塞尔·莫斯为代表的法国传统的各种不同观点时,为了争取读者,使他们关心知识社会学的研究,必须强调这一领域所取得的成就,即使在实际的研究成果仍然相当少的时候也应如此。尽管我曾信心百倍地试图向人们表明,知识社会学充满生机,在国内外日趋活跃,但细心的读者也许会发现我的评价过于乐观。总的来说,这一研究很有希望,但是实际进展却不大。

这并不是说 20 世纪 50 年代和 60 年代就没有实实在在的进展。阿尔文·古尔德纳(Alvin Gouldner)的《参悟柏拉图》[1]、赖

[1] 古尔德纳:《参悟柏拉图:古希腊与社会理论的起源》(*Enter Plato: Classical Greece and the Origin of Social Theory*, New York: Basic Books, 1965)。

特·米尔斯的大部分著作,[1]以及我自己的《理念的人》[2]证实了下列事实:知识社会学能够唤起作者的灵感,使他们写出具有重要意义的论著。

在70年代和80年代,对知识社会学的兴趣开始复兴,这一现象表明,米尔斯和古尔德纳等人的著作并非昙花一现,它
vii 已经为知识社会学传统的真正复兴翻开了历史的篇章。首先,迟迟才得以出版的卡尔·曼海姆的某些早期著作,[3]对知识社会学产生了一定的影响,这种影响可与所谓的《巴黎手稿》在30年代的出版相媲美,后者可以用来重新评价卡尔·马克思的著作。

其次,由于罗伯特·默顿[4]及其弟子们的开创性工作,以及托马斯·库恩[5]对这个学科的创造性贡献,科学社会学迅速发展,明显地激发了人们对其他文化现象进行社会学分析的兴趣。

---

① 米尔斯:《社会学的想象力》(*The Sociological Imagination*, New York: Oxford University Press, 1965),以及大部分其他著作。

② 科塞:《理念的人》(*Men of Ideas*, New York: Free Press, 1965)。

③ 曼海姆:《思维结构》(*Structure of Thinking*, London: Routledge & Kegan Paul, 1982),由戴维·凯特尔(David Kettle)、沃尔克·迈耶(Volker Meja)和尼柯·斯特尔(Nico Stehr)合编并作序;曼海姆:《保守主义》(*Konservatismus*, Frankfurt, Suhrkamp, 1984),由凯特尔、迈耶和斯特尔合编并作序。也可参见迈耶和斯特尔主编的《知识论争的社会学》(*The Sociology of Knowledge Dispute*, London: Routledge & Kegan Paul, 1984)。

④ 默顿:《科学社会学》(*The Sociology of Science*, New York: Free Press, 1970)。

⑤ 库恩:《科学革命的结构》(*The Structure of Scientific Revolutions*, 第2版, Chicago: University of Chicago Press, 1970)。

再次,经过诸如斯蒂芬·图尔明(Stephen Toulmin)和伊姆利·拉卡托斯[①](Imre Lakatos)等学者的努力,后实证主义科学哲学得到了发展,这为接受曼海姆和涂尔干的思想创造了可能性,而在传统逻辑实证主义一统天下的时候,后两人的思想在科学哲学领域几乎是完全缺席的。科学史家和科学社会学家不再觉得科学思想的起源——不同于科学思想的证实——是相当偶然的,因而不大容易进行社会学分析。相反,他们现在主张,科学思想的起源与证实在很大程度上都可用社会学研究的方法加以解释;思想并非产生于社会真空。

除了思想界的这种变化,最近出现了几部杰出的著作,充分显示出人们对知识社会学产生了新的兴趣。米尔斯和古尔德纳的工作成了年轻一代社会学家的典范,他们之中有许多人向古尔德纳创办的《理论与社会》杂志投稿。巴里·施瓦茨(Barry Schwartz)在《纵向分类》[②]一书中令人信服地论证道,"高"与"低"、"之上"与"之下",以及"上"与"下"这些概念,除了具有

---

① 图尔明:《人类理解》(*Human Understanding*, Princeton: Princeton University Press, 1972);拉卡托斯:《科学研究纲领方法论》(*The Methodology of Scientific Research Programs*, Cambridge: Cambridge University Press, 1976)。也可参见巴里·巴恩斯:《科学知识与科学理论》(*Scientific Knowledge and Scientific Theory*, London: Routlege & Kegan Paul, 1974);米切尔·马凯:《科学与知识社会学》(*Science and the Sociology of Knowledge*, London: Allen and Unwin, 1979)。

② 施瓦茨:《纵向分类:关于结构主义与知识社会学的一项研究》(*Vertical Classification: A Study in Structurism and the Sociology of Knowledge*, Chicago: Chicago University Press, 1981)。

空间含义之外，也是附有道德意义的精神构成，因此，所谓“之上”或“更高”，意指一种道德优越感。同样，埃维塔·齐鲁巴维尔（Eviator Zerubavel）在他的《隐秘的韵律》和《七天一周》[①]两本书中，富有启发性地向人们表明，在构造社会世界时，时间与时间推算是如何成为中心参量的。他们制定了一些明确的标志，以识别所有社会生命。涂尔干肯定会赞同他们。在人类学中，玛丽·道格拉斯（Mary Douglas）[②]在社会分类方面的工作，
viii 以及克劳德·列维-施特劳斯[③]等人的几乎所有结构人类学著作，都建立在这些观念的基础上，严格地说，这些观念可以在涂尔干和莫斯的《原始分类》[④]及《宗教生活的基本形式》[⑤]中找到。

我很愿意向人们指出，兹纳涅茨基的《知识人的社会角色》所播下的种子，在瑞雪之下经过长时期的蛰伏之后，同样开始破土而出，并且在一定程度上茁壮成长。默顿早就熟悉兹纳涅茨

① 齐鲁巴维尔：《隐秘的韵律：社会生活中的时间表与日历》（*Hidden Rhythms: Schedules and Calendars in Social Life*, Chicago: Chicago University Press, 1981）；《七天一周：星期的历史与意义》（*The Seven Day Circle: The History and Meaning of the Week*, New York: Free Press, 1985）。

② 道格拉斯：《洁净与危险：亵渎和禁忌概念分析》（*Purity and Danger: An Analysis of Concepts of Pollution and Taboo*, London: Routledge & Kegan Paul, 1966）。

③ 列维-施特劳斯：《结构人类学》（*Anthropologie Structurale*, Paris, 1958）。

④ 涂尔干和莫斯：《原始分类》（*Primitive Classification*, Chicago: Chicago University Press, 1967）。

⑤ 涂尔干：《宗教生活的基本形式》（*The Elementary Forms of the Religious Life*, New York: Free Press, 1947）。

基的著作,并在几种作品中讨论和应用过他的理论,[①]我想,黛安娜·克兰(Diana Crane)在她的科学社会学[②]及对其他文化现象的分析中,也可能受到了兹纳涅茨基的影响。但是在美国,兹纳涅茨基的理论显然没有曼海姆或涂尔干的理论兴盛。不过,至少社会学的社会学(Sociology of Sociology)在努力形成或重建兹纳涅茨基在知识类型与接受这种知识的集团类型之间做出的某些区分方面,一定程度上是步兹纳涅茨基后尘的。[③]

我希望这一新版将有助于扩大兹纳涅茨基作为一位提出和接受思想的理论家的声望,并在不久结出果实,可以同紧随涂尔干和曼海姆而结出的果实[④]相媲美。兹纳涅茨基在美国合作写出的第一本重要的社会学研究专著《身处欧美的波兰农民》,是一项重要的成就。我认为《知识人的社会角色》具有与之相媲美的价值。现在是时候了,那些长期以来在公开场合诋毁而在

---

① 默顿:《社会理论与社会结构》(*Social Theory and Social Structure*, 增补本,New York: Free Press, 1968);《科学社会学》(*The Sociology of Science*, Chicago: Chicago University Press, 1973),尤其是其中的第二章。

② 克兰:《无形学院》(*Invisible Colleges*, Chicago: Chicago University Press, 1972)。

③ 马林斯:《当代美国社会学的理论与理论群体》(*Theories and Theory Groups in Contemporary American Sociology*, New York: Harper & Row, 1973);L. T. 雷诺兹与J. M. 雷诺兹:《社会学的社会学》(*The Sociology of Sociology*, New York: J. Mckay, 1970),尤其是霍罗威茨(Irving Louis Horowitz)的论文:《主线与支流:社会学理论的人类形象》(Mainliners and Marginals: The Human Shape of Sociological Theory),第340—370页。也可参见科塞:《寻找本体的两种方法》(Two Methods in Search of a Substance),载于《美国社会学评论》(*American Sociological Review*, Vol.40, December 1975),第691—700页。

④ 对德国和法国知识社会学的当今趋势所做的精彩介绍,请参见斯特尔和迈耶编的《社会与知识》(*Society and Knowledge*, New Brunswick, N.J.: Transaction, 1984)。

实际工作中却使用知识社会学，尤其是使用兹纳涅茨基成果的人，应该从密室中钻出来，像莫里哀的《资产阶级贵族》那样坦率地承认，他们一直在使用知识社会学的方法，尽管他们还没有
ix 意识到。

1968 年版导言

刘易斯·A. 科塞

一本富有创见却长期被忽视的著作《知识人的社会角色》重新出版了，作为两个不同国家（波兰和美国）社会学传统的奠基者，弗洛里安·兹纳涅茨基理应获得这一殊荣。20 世纪 20 年代之前，在他的祖国波兰，社会学还没有成为大学课程的一部分，兹纳涅茨基几乎单枪匹马，创立了经验研究的传统，对农民和工人的自传体生活史做了详尽的分析。他创建了波兰社会学研究所，创办了《波兰社会学研究》杂志。兹纳涅茨基及其学生在两次世界大战期间所形成的方法论和理论框架，是目前波兰社会学飞速发展的基础，倘若没有这些，社会学在波兰的发展几乎是不可想象的。

在第一次世界大战期间，1932 年到 1934 年，1940 年直到 1958 年逝世这些时间里，兹纳涅茨基都是在美国度过的。他发现了一门业已繁荣发展的社会学学科，并与一些重要人物特别是威廉·托马斯（William I. Thomas）亲密合作。他对成熟的美国社会学传统做出了如此独特的贡献，以至于必须同时称他为美国社会学奠基人之一。

兹纳涅茨基生于 1882 年，那时的波兰，他的出生地还被德国人占领着，他的父亲具有上流社会的血统，当他还是几岁的孩子时，他的父亲便把财产耗费殆尽，后来在俄国占领波兰时只是作为财产经营者度过余生。① 在历经华沙、日内瓦、苏黎世、巴黎和克拉科夫的大学学习之后，兹纳涅茨基 1909 年在克拉科夫获得博士学位。他选择的研究领域是哲学，因而第一批著作都是有关这一领域的，尽管他已经显示出对伦理学的社会根源具有强烈的兴趣。第一次世界大战爆发前不久，兹纳涅茨基遇见了威廉·托马斯。托马斯来到波兰，研究波兰农民在本土的生活背景，这一课题与他对美国的波兰移民所做的大规模调查研究有关。托马斯力劝兹纳涅茨基去美国帮助他完成这项研究，他们之间的亲密合作结出了硕果，不朽名著《身处欧美的波兰农民》②出版，即使在美国，这也是第一项重要的经验性社会研究。理论导向与新奇的研究技术和研究方法之间创造性地交相辉映，使这本书成了现代社会学的一个里程碑，同时也是美国社

① 有关传说材料与参考书目主要取材于海伦娜·洛帕塔(Helena Z. Lopata)教授——她是兹纳涅茨基的女儿——为她父亲的遗著《社会关系与社会角色》(*Social Relations and Social Roles*, San Francisco: Chandler, 1965)所作的序言。

② 托马斯和兹纳涅茨基:《身处欧美的波兰农民》(*The Polish Peasant in Europe and America*, 5 Vols, Boston: Badger, 1918—1920)。

会科学历史上屈指可数的名著之一。

自从与托马斯合作之后，兹纳涅茨基明确地将自己的研究兴趣从哲学转向社会学。然而，他在哲学方面的系统训练，尤其是价值理论，明显地反映在社会学著作中，任何读者都可以察觉出这一点。兹纳涅茨基勤于劳作，极其多产。我无法一一涉及他以波兰文发表的九部著作，或用波兰文写成的大量文章。在用英文写成的九部书中，除《身处欧美的波兰农民》以外，《社会学方法》[①]、《社会行动》[②]和《知识人的社会角色》可能是最具持久不衰影响力的几部书。

虽然这些著作，尤其是《社会学方法》在某些方面对现代读者来说不免显得有点过时，但在重读它们时，大部分内容给人以深刻印象，其经受住时间检验的程度尤其令人惊讶。比如，早在 20 世纪 30 年代初，兹纳涅茨基在研究社会角色概念时就采用了精致复杂的方法，这应使那些认为社会角色概念是拉尔夫·林顿(Ralph Linton)最早于 1936 年提出来的学者们惊叹不已。[③]

兹纳涅茨基对于社会科学方法论的重大贡献在于，他一直坚持认为：作为关于人类行为的科学，社会学应该集中精力研究行动者赋予情境的主观意义，行动者在情境中发现自身。有人

① New York：Farrar & Rinehart，1934.

② New York：Farrar & Rinehart，1936.

③ 林顿：《人的研究》(*The Study of Man*，New York：Appleton-Century-Crofts，1936)。

xi 推测,由于兹纳涅茨基早期对于社会价值的调查研究,即使在行为主义和"实证主义"似乎要统治社会学领域时期,他仍坚持认为,"科学家要想以归纳法研究[人类]的行为,必须把这些行为看作人类对于那些作用因素与被作用因素的经验过程;这些因素是科学家的经验材料,只是因为这些因素是他们的"。[①] 在兹纳涅茨基看来,文化材料有别于自然材料,因为后者独立于人类行动的经验,而前者具有"人类相关性"(humanistic coefficient)。在强调社会学调查研究的中心是主观意义、目标搜索和人类行为者的"情境定义"(definition of the situation)这一点上,早在塔尔科特·帕森斯的《社会行动的结构》[②]得出类似结论之前近二十年,托马斯和兹纳涅茨基就做出了恰如其分、富有说服力的论证。而兹纳涅茨基和帕森斯在概念化方面的一些共同根源,都可以追溯到狄尔泰和马克斯·韦伯的传统。与其他社会学家相比,兹纳涅茨基和托马斯熟练地利用了詹姆斯、米德、杜威和库利在美国实用主义哲学和社会心理学方面的成果。他们两人形成了社会学研究中资料整理的理论框架,这种框架成为当代研究与理论的基础。

《知识人的社会角色》充分运用了作者过去的研究成果,但

① 《社会行动》(*Social Actions*),第 11 页。
② New York: Free Press, 1949; 第 1 版,1936 年。

目的有点不同。这本书是对知识社会学的一大贡献，这一社会学分支大致可以定义为研究思想与社会之间的关系。

1940 年兹纳涅茨基出版此书时，美国社会学刚刚开始吸收 20 世纪两位德国思想家马克斯・舍勒和卡尔・曼海姆对知识社会学所做出的理论贡献。早期马克思和涂尔干对这一领域的贡献也开始对美国学术界产生影响。①

虽然知识社会学的鼻祖或许可以追溯到弗兰西斯・培根 xii
和 18 世纪的法国哲学，但系统的知识社会学却植根于德国的马克思主义传统和法国的涂尔干传统。

为了把黑格尔的泛逻辑体系倒置过来，也就是说，为了证明这样一个真理，即“不是人们的意识决定社会存在，而是相反，社会存在决定人们的意识”②，马克思提出，思想领域是完全由其他因素决定的。按照这种观点，观念系统依赖于其拥护者的社会角色与地位，尤其是阶级地位。马克思断言，某一时期的永恒真理和被人接受的教条，必须在最终的分析中被理解为其拥护者阶级地位的表达。

20 世纪 20 年代，当曼海姆开始自觉地把知识社会学作为

---

① 对知识社会学史所做的更全面介绍，请参见 L. A. 科塞：《知识社会学》，载于科塞和伯纳德・罗森伯格（Bernard Rosenberg）的《社会学理论》（*Sociological Theory*, Macmillan, 1957）；科塞：《知识社会学》，载于《国际社会科学百科全书》。

② 马克思：《政治经济学批判大纲》（*A Contribution to the Critique of Political Economy*, Chicago: Kerr, 1904），第 11—12 页。

一门独立的、科学的学科加以阐述时,他把自己置于马克思传统之内,尽管他实际上还受到了德国历史学、现象学和格式塔心理学的影响。但他在一个关键性的地方有别于马克思:在马克思那里,追溯观念与社会地位之间的联系,主要是作为挫败敌手主张的论战性武器,曼海姆却力图使知识社会学成为一种科学的、中性的分析工具。他主张,所有观念(不仅是敌手的观念)都与观念据以产生的社会历史条件相联系,因而也受到这些条件的影响。事实上,每一位思想家只从属于特定的社会集团,占据一定的位置,并扮演专门的社会角色,因而必然影响他据以探讨经验世界的观点与洞察力。所有思考活动都受社会存在决定,或
xiii 者至少说相互决定。观念"定位"于社会过程之中。现代世界舞台上各种相互斗争的观念,都表达了各自群体和阶级的愿望。知识社会学的任务就在于确定思想立场与结构-历史位置的经验相关性。

知识社会学的另一位德国创始人马克斯·舍勒,只是在表层结构上受到了马克思传统的影响,而后者的巨影却在曼海姆的作品中隐隐呈现。舍勒是现象学学派的门徒,虽然他是一位异端分子,因而,他感觉到在观念产生过程中预先设置阶级因素是多余的,他反对这样做。相反,他认为,没有什么常驻不变的独立变量(如阶级地位)可以解释可变的一系列观念的出现。舍勒说,若干"真正的因素"存在于历史过程之中,决定着特定

思想产物的出现。在现代社会,阶级因素的确若隐若现,血缘关系曾经是原始社会的独立变量,政治因素在现代社会曾经处于中心地位。进而,舍勒认为,先前的理论化过程中相对主义过于泛滥,他反对这么做,试图采取一条恰好相反的道路,因而断言,虽然只有当先决条件“真正的因素”帮助打开思想之流的“闸门”时,特定的一系列观念才可能真的会涌现出来,但所有这些观念只不过是向永恒的柏拉图王国中不变的绝对本质投以一瞥而已。

在关于思想与社会之间相互关系的社会学研究中,曼海姆与舍勒各自构成了重要部分。相比之下,作为法国知识社会学先驱的涂尔干,关于这一课题所论不多。涂尔干的著作带有模糊不清的认识论思辨,因此比德国人受到更多的诋毁。尽管如此,必须认为,涂尔干的著作是此领域中最关键的开创性研究之一。

在他继续向对社会行为做心理学和原子论解释开战的过程中,涂尔干走进了知识社会学领域。他试图确定道德、价值和宗 xiv
教的社会起源和社会功能,并把道德、价值和宗教解释为不同形式的“集体表现”(collective representations),而不是个别思想家沉思的产物。涂尔干并不满足于把这种或那种具体的观念系列追溯到社会历史环境就止步不前,而是主张,思想这一基本概念,尤其是时空概念,是社会创造物,以此力图推翻康德所强调的不变的、普适的人类精神范畴。涂尔干断言,社会通过形成逻辑思想据以产生的范畴而在逻辑思想的发生过程中起着决定作用。他认为,对原始人进行时间上或其他方面的分类,非常接近于对部落的社会组织所做的分类。第一个逻辑类是人类。动物、植物和环境中的其他物体,按照部落属性、血统或家族群体加以分类。年代划分对应于周期性的节日和公众仪式,以便日历能表示集体活动的节律性。按照类似的方式,社会组织一直是空间表征的模型,而天国只不过是它的尘世伙伴的一个投影。在涂尔干看来,所有的象征性思想,都源于社会组织。

如果有谁想探讨一下兹纳涅茨基这本书的所有思想先驱,那么还必须考虑许多其他成果,这些成果也对 20 世纪 30 年代后期作为一门学科的知识社会学做出了贡献。美国著名的实用主义者皮尔士、詹姆斯、杜威,尤其是米德均在此列。然而,在这里我乐于指出(即使最粗略地),他的前驱者的研究方法为兹纳涅茨基设置了一些陷阱。

兹纳涅茨基认为,大多数先前的理论建构有一个根本性的
xv 困难,那就是,认识论与形而上学假设强烈地干涉据称是社会学研究的实质性领域。当知识社会学想把自身变成一种“知识的社会学理论”时,兹纳涅茨基有正在闯入禁区之感。“作为知识的理论,‘科学的科学’,必须确立自身作为一门社会学的特征;

而作为社会学,必须确立自身作为一门科学的科学的特征。”①不应该把知识社会学当作一种特殊的社会学认识论,而应视其为实实在在的社会学领域。虽然兹纳涅茨基没有专门论及这一点,但人们可以猜测他已经发现了他的先驱在这方面的严重缺陷,也许少许例证就足以说明这一点。

曼海姆的普遍相对主义或关系主义,明显在把自己引入困境。正如古代克里特岛人,他们声称所有克里特岛人都是撒谎者,这实际上否定了他们自己的陈述的真理价值。曼海姆的情况同样如此,他主张所有的思想都由存在决定,那么,这一主张也要应用到曼海姆本人的思想中去。人们一再同他争辩,绝对的相对主义概念是自相矛盾的,因为这一概念本身缺乏有效性。曼海姆至少在其部分著作中,试图在经验性社会现象的世界之外采纳阿基米德的观点,以便对“所有思想都由社会决定”发表论断。曼海姆清醒地意识到这些困难,并想方设法克服之(没有完全成功)。在某些后期著作中,曼海姆不再坚持认为,存在的命题导致无效判断,而只是强调给定的视角可能导致片面的观点,从而避免了早期立场中的困难。他还更进一步抛弃了早期在理念王国整体决定问题上提出的多余主张。他较为谦逊地说,“在社会科学中,与其他地方一样,判断真理与谬误的终极 xvi

① 马克思:《政治经济学批判大纲》,第 4 页。

标准，可以在对客体的研究中找到，这是知识社会学无法替代的”，“这当然是千真万确的”。[1] 尽管如此，曼海姆的大量著作仍然有一些段落犯了发生学上的错误，也就是说使观念的有效性或无效性依赖于社会地位。这种情况有助于曼海姆后期的学生（兹纳涅茨基是其中之一）把他的工作中可加以经验证实的部分，与相当不幸地侵入认识论领域的其他部分区别开来。

曼海姆存在的问题，更有理由在涂尔干和舍勒身上存在。舍勒关于永恒本质的理论是一种形而上学理论，谈不上科学有效性，因而在真正的知识社会学中没有什么地位。涂尔干试图推翻康德的主张，照样会把含糊不清的形而上学氛围，传递给真正的知识社会学方面富有成果的开创性研究。而特别想从社会组织的特征中导出象征思想的范畴似乎是不可能的，因为我们必须把象征思考的能力当作一切人类的根本潜能，象征思想使人类社会生活成为可能。

兹纳涅茨基决心为自己强加一个严格的自我否定规范：他准备避开一切认识论问题的引诱。他希望进行严格科学的、实实在在的探究。为了与他的早期方法论相一致，他只是假定，每一位思想家都主张自己的知识系统是真的和客观上有效的。他

① 曼海姆：《意识形态与乌托邦》（*Ideology and Utopia*, New York: Harcourt, Brace, 1936），第 4 页。

相信,研究或否定这些主张的真理性并不是社会学家的事。“社会学家必须遵守那些个体或群体为他们所共享的知识制定的有效性标准。”①不是研究者的“情境定义”而是主体的“情境定义”赋予研究以活力。无论知识系统被判定为真或假、有效或无效,都与社会学家无关,社会学家只需满足于追溯知识的起源与后果、知识的功能或功能失常。兹纳涅茨基雄辩地总结道:“当社会学家研究他们的社会生活时,他必须同意,对于他们公认为有效的知识,他们才是他唯一必须考虑的权威。作为一名社会学家,他没有权利用自己的权威去反对他们的权威:他受绝对谦逊这一方法论规则的约束。当他涉及他们接受并运用的知识系统时,他必须放弃自己的理论有效性标准。”② xvii

兹纳涅茨基不仅拒斥所有认识论与形而上学的假定,还把自己的注意力限制于沃纳·斯塔克所谓的微观知识社会学。③也就是说,他不去亲自关心“社会总体知识气氛”或“社会系统的总体历史运动”。④ 他更为谦逊地把自己限制在研究知识的创造者与承载者这些社会角色及其相应的社会组织结构中。

兹纳涅茨基为自己规定了两个相关的任务:建立知识人所

---

① 曼海姆:《意识形态与乌托邦》,第 5 页。
② 同上书,第 6 页。
③ 斯塔克:《知识社会学》(*The Sociology of Knowledge*, London: Routledge & Kegan Paul, 1958)。
④ 同上书,第 30 页。

扮演的各种专门社会角色的类型学;研究支配知识人之行为的规范模式。对上述两个问题进行调查的中心工具是"社会圈子"(social circle)概念,所谓"社会圈子"指的就是思想家对其发表自己的思想的一批听众或公众。兹纳涅茨基指出,至少在异质社会(heterogeneous societies)中,思想家不可能对整个社会发表言论,而是倾向于只对经过选择的部分公众发表言论。特定的社会圈子给予社会认可,提供物质或精神收益,并帮助已将听众的规范性期待内化于心的思想家形成自我形象。社会圈子
xviii 要求思想家不辜负圈子的期望;反过来,社会圈子将授予思想家一定的权利和赦免权。知识人预见公众的要求,倾向于从这些现实的怀有期望的公众角度去划定材料与问题。于是,可以依据公众,以及依据社会关系网络所期待的绩效,对思想家进行分类。

本书的重点在于,兹纳涅茨基对知识人可能扮演的各种不同的社会角色所做的分类。他将这些角色区分为技术顾问(Technological Advisors);圣哲(Sages),即那些为群体之集体目标提供意识形态评判的人;神圣学者与世俗学者(Sacred and Secular Scholars),顺次又可分为各种类型,从"真理发现者"(Discoverers of Truth)到"知识传播者"(Disseminators of Knowledge),从"组织者"(Systematizers)、"贡献者"(Contributors)到"真理战士"(Fighters for Truth);他还研究了"知识创造

者”(Creators of Knowledge),顺次又可分为事实发现者(Fact-Finders)或问题发现者(Discoverers of Problems)。

这绝不是一种缺乏想象力的分类演练。兹纳涅茨基指出,社会圈子对知识人的要求,随着期望他所扮演之角色的不同而变化。因此,社会圈子不会期望技术领导者去寻求新的事实,这些新事实可能会动摇对于先前已程序化的活动之正确性的信念。体制期待技术领导者以怀疑的眼光看待新事物。相比之下,知识创造者会因为发现了新事实而获奖赏。知识人所扮演的每一种特殊社会角色都带有某种期望;每一个社会圈子奖惩特定类型的知识绩效。

兹纳涅茨基这本书为研究对新奇观念的接受与拒斥提供了重要线索,在本书出版后不久,默顿就在一篇评论中肯定了这一点。它使我们能确定“各种不同的社会结构对于采取某种态度对待经验材料施加压力的方式”。[①] 比如圣哲,现存秩序的变革者或辩护士,他知道了答案,因而就不可能去寻求可能动摇现存秩序的新事实。另一方面,学者“对真正的新事实有肯定或否定两种态度,这取决于学派系统体制化的程度:在最初阶段新事实至少是可接受的,一旦系统完善起来,学派的知识承诺就会 xix

① 《美国社会学评论》,第 6 期(1941),第 111—115 页。转载于科塞和罗森伯格的《社会学理论》,第 351—355 页。这里引文取自第 353 页。

阻止对新奇的发现采取积极肯定态度”。[1] 因此，通过把注意力集中于恐新病(neophobia)的结构性来源，兹纳涅茨基允许我们较大地偏离那样一种全盘主张，即主张所有组织和社会结构都必定是保守的，都不愿承认创新。附带提一下，如果兹纳涅茨基在今天写成此书(在过去可能受到了注意)，他会发现这对于研究嗜新病(neophilia，即片面强调新颖)的互补结构条件是同样有益的。在某些没有归属的知识分子中，追求新奇是一个显著特征，因为他们的公众要求他们不停寻求新的刺激物，以复兴已经疲惫不堪的智力或美学上的嗜好。

兹纳涅茨基不满足于仅仅描述知识人的各种社会角色，他还为理解这些角色的转化和取代过程提供重要的线索。例如，他指出，某些宗教思想学派，只有当他们成功地将其成员与竞争对手学派隔离开来时，才能最大限度地实现他们自己的任务。当一个神学学派失去垄断地位而被迫与其他学派竞争时，它不再依靠未经检验的信仰，而是必须发展出合理的劝说模式。相互冲突的信仰系统发出的挑战，对于神学知识主要部分的逐步世俗化过程做出了贡献，原先由神学学者占据的领域，逐渐为世俗学者接替。怀特海曾经指出，观念冲突不是灾难，而是一个机

① 《美国社会学评论》，第6期(1941)，第111—115页。转载于科塞和罗森伯格的《社会学理论》，第353—354页。

会。兹纳涅茨基会欣然同意这一点，尤其是观念的冲突为以知识探索者的开放宇宙取代圣哲封闭的精神世界提供了机会。 xx

这几个例子说明，兹纳涅茨基把他的方法创造性地运用于知识生活社会学(the sociology of intellectual life)之中，这足以使本书的读者思考一些特殊的问题，并按他的概念框架加以研究。这的确是对他的最高奖励；他为未来的完满的知识人社会学(the sociology of the man of knowledge)提供了一个贮藏有建设性的分析途径与概念的仓库。① 兹纳涅茨基异常谦虚，不像他的许多前辈，他并没有准备提供全部答案。他的书是具有开放目标的学术著作，而他本人的角色就是一位知识探索者而不是一位圣哲。他期待着未来的读者成为他的探索伙伴而不是他的门徒。 xxi

① 利用兹纳涅茨基某些范畴的尝试，见科塞：《理念的人：社会学家的观点》(*Men of Ideas: A Sociologist's View*, New York: Free Press, 1965)。

第一章 知识社会学和知识理论

社会学还很年轻，满怀着扩张的雄心。它的开创者们声称社会学应覆盖整个文化领域，而许多忠诚的鼓吹者们则进一步想把它的统治领域扩展到法律、经济、技术、语言、文学、艺术、宗教和知识领域。这一野心不仅与早已统治这些领域的科学的既得权利相冲突，也与具有同等程度的侵略性的伙伴心理学——它亦侵占着社会学的地盘——相冲突。这种相互竞争不无成效。新的问题得到了阐述，新的方法被设计出来。然而另一方面，许多严格意义上的社会学问题仍然受到忽视或研究不足。开发各专门学科之间的边缘地带是非常值得的，但每一门科学都应首先以自己的方法恰当地耕耘自己的领域。

这里，我们要涉及一系列具体的边缘地带问题，这些问题近年来被称为"知识社会学"——一个类似于"宗教社会学"、"艺术社会学"和"语言社会学"的学科。这些问题的兴趣把我们带回到现代社会学思想的源头。孔德提出了著名的"三阶段定

1 律”,其中心思想是,一定的哲学,或更一般地说,一定的知识类型(神学的、形而上学的、实证的)与一定的社会结构形式之间,有着相互依赖的关系。半个世纪后,以涂尔干为核心的法国社会学研究群体,进行了一系列具有重大意义的研究,试图揭示人类经验与思维的基本形式的社会根源。① 之后,德国社会学家,尤其是马克斯·舍勒与卡尔·曼海姆,对知识依赖于社会条件的情况进行了系统的探究。②

2 在我们看来,“知识社会学”一词似乎相当不幸,因为它建议把知识之类的东西当作社会学研究的对象。现在,每一门科学各自研究专门的一类系统或过程,社会学主要关心所谓

---

① 见涂尔干的《宗教生活的基本形式》(*Les Formes élémentaires de la vie religieuse*, Paris, Alcan, 1912),这本书为对知识做社会学分析提供了一般性的框架。涂尔干和莫斯在《社会学年鉴·卷四》(*Année sociologique* Ⅵ)上发表的一篇文章《分类的几种原始形式》表明,逻辑分类由社会群体的细分类决定。列维-布留尔(Lucien Lévy-Bruhl)发表了一系列关于原始思维的著作:《低级社会的思维功能》(*Les Fonctions mentales dans les sociétés inferieures*, Alcan, 1910)、《原始思维》(*La Mentalité primitive*, 1922)、《原始灵魂》(*L'Ame primitive*, 1927)、《原始思维中的超自然与自然》(*Le Surnaturel et la nature dans la mentalité primitive*, 1931)和《原始人的神秘经验与符号》(*L'Expérience mystique et les symboles chez les primitifs*, 1930),他力图证明,原始人——或更恰当地说,“无文字的”(劳动)人——用的是与我们不同的逻辑原则与范畴,这明显暗示,无论是他们的还是我们的逻辑原则与范畴,都受社会制约。莫里斯·哈布瓦赫(Maurice Halbwachs)在《记忆的社会结构》(*Les Cadres sociaux de la mémoire*, Paris, Alcan, 1924)中表明,我们的记忆,还有我们对于时间的体验,是被在社会中确立并受社会调节的连续性与同时性框架建构起来的,集体生活的事实适合纳入这一框架之中。查尔努夫斯基(S. Czarnowski)把社会学方法运用于分析空间,尤其是他的专论《空间的分割》,载于《宗教史评论》(*Revue de l'histoire des religions*, 1927)。

② 参见舍勒编的《知识社会学探索》(*Versuche Zu einer Soziologie des Wissens*, 1924)和《知识形式与社会》(*Die Wissensformen und die Gesellschaft*, 1926);曼海姆的《意识形态与乌托邦》(*Ideology and Utopia*,由沃思与希尔斯译成英文,1936)和曼海姆的论文《知识社会学》,载于维尔康德(Vierkandt)编的《社会学手册》(*Handwörterbuch der Soziologie*)。

的“社会”系统（如“社会群体”“社会关系”）和在这些系统内或系统之间发生的过程。社会系统的显著特征是，系统的主要要素就是互动的人，因而，知识系统或理论（在最一般的意义上使用这个词）显然不是社会系统。语言系统、美学系统、宗教系统或技术系统也不是“社会”系统：在一个复合句、一首诗、一幅画、一次祭祀、一辆汽车与一个政治党派、一个俱乐部、一对夫妇或双亲关系之间，很少有相似之处，只有一点除外，即每一个系统都有一个内部秩序，把系统的要素结合在一起。

当然，在社会系统与其他文化系统之间，有许多动力上单向的或互相依赖的关系，我们即将研究其中的某些关系。当然在其他类型的系统之间同样存在着依赖关系。如果这些关系的存在使我们有资格使用“知识社会学”和“艺术社会学”之词，那么依此类推，同样可以有“宗教语言学”“艺术宗教学”“知识经济学”等等。

没有必要再咬文嚼字了。既然现在社会学文献已广泛承 3
认“知识社会学”这一表达方式，我们最好就接受下来，但还须保留一点，它并非意指一种“知识的社会学理论”。[1] 否则，社会学就会发现自己处于一种好管闲事的地位。作为一种知识

① 我从埃德温·安德森（Edwin Anderson）先生的一篇论述涂尔干的知识社会学方法的论文（未发表）中，借用了这种区分。

理论,一门"科学的科学",必须确定自己作为社会学的特征;而作为一门社会学,则必须确定自己作为"科学的科学"的特征。①

如果我们有一门得到充分建构的"知识科学"(science of knowledge),对过去和现在的经验研究所揭示的各种知识系统进行比较和归纳研究,那么,或许可以消除许多误解。自古以来,正如一直存在着关于社会生活的政治哲学和伦理哲学一样,一直有一门知识哲学——认识论、逻辑和方法论——力图建立起为知识的有效性确立基础的一般原则和规范。然而,一门与现代社会学或语言学平行的知识科学,不想以规范的方式将它所研究的系统标准化,而是简单地把这些系统当作经验实在(empirical realities),从对它们的比较分析中达到理论上的概括。这样一门科学,刚开始是从历史研究和民族志研究中脱胎
4 而出的,发展比较缓慢,任务艰巨,社会学家几乎无法参与进去。②

为了对知识系统的成分、结构和关系进行客观的研究,必须充分考虑这一点:知识系统的主张应是**真的**,即客观有效的。这一点是每一个知识系统的基本特征。然而,除了社会学系统,

① 比较一下亚历山大·冯·谢尔丁(Alexander von Schelting)对曼海姆的批评,见《美国社会学评论》(*American Sociological Review*, August, 1936)。

② 米查尔斯基(S. Michalski)编辑的二十卷定期刊物《波兰科学》(华沙,1920—1939)代表着从专题论文的贡献建立这样一种科学的最有趣的协同努力之一。

社会学家对任何知识系统的有效性都没有资格做出判断。社会学家在研究过程中，只是当他发现他所研究的某些人或群体对知识系统有一种强烈的兴趣；当他发现他们构造、完善、补充、再生、维护和推广他们认为是真的知识系统，或是抛弃、反对、批判和阻止传播他们认为是假的知识系统时，他才遇上了知识系统。每当遇见这种情况，社会学家就有义务遵循为那些个体或群体所共享的知识所规定的有效性标准。因为，作为一位文化生活的观察者，只有考虑到所观察到的材料的“人文相关性”，只有不把他的观察限制于自我对材料的直接感知，而是重构他正在密切研究的那些人的经验，他才能理解他所观察到的材料。[1] 5
正如他所观察到的夫妻关系，对他来说应该与对夫妻双方一样真实客观，或者他所观察到的成员之间的结合关系应对成员的观察者具有同样的定义；因此，某一种知识系统，对他们来说必须与对参与了这一知识系统的构造、再生、应用与发展的人具有同样的意义。当他在研究他们的社会生活时，他必须同意，在涉及他们公认为有效知识的问题时，他们才是他应考虑的唯一权威。作为一名社会学家，他没有权利用自己的权威去反对他们的权威，他受绝对谦卑这一方法论规则的约束。在研究他们接受并使用的知识系统时，他必须抛掉自己的理论有效性标准。

---

① 兹纳涅茨基：《社会学方法》。

无论他发现这些人所从事的知识类型是技术性的、规范性的还是理论性的，是神学性的、形而上学的还是经验的，是演绎的还是归纳的，是自然的还是人文的；也不论他们公认为真的知识系统是泰勒斯、德谟克利特、圣·托马斯、牛顿还是爱因斯坦的物理学，是亚里士多德还是达尔文的生物学，是柏拉图还是行为主义的心理学，这些都无关紧要：正是他们自己的判断，而不是社会学家的判断，制约着他们所拥有的知识对他们的社会生活的各种影响，反过来也一样。

那么，如果社会学家发现某些人否认一个知识系统的有效性，而其他人却认为这个系统是真的，他该怎么办呢？这种权威的冲突也不能迫使他做出决策吗？我们不这么认为。如果我们始终如一地贯彻人文相关性原则，我们就可以断言，当某个人对
6 其他人公认的知识系统采取否定态度时，这只是有关他个人生活的或多或少令人感兴趣的事实，不可能从根本上影响这一系统的客观成分、结构或有效性。同样，某一个人不喜欢英国语言、印象派绘画或加尔文教，同这些文化系统的内在形式与重要性毫不相干。然而，从另一角度看，这种否定性评价可能是有益的。比如，一个人用行为主义心理学的标准去衡量唯意志心理学，认为应该拒斥唯意志心理学，因为在他看来行为主义心理学是真的知识系统，这一事实（虽然对唯意志主义没有带来什么影响）阐明了行为主义的成分与结构，并肯定了行为主义的有

效性。同样道理,我们可以从某些人不喜欢英语而认识到法语里某些重要的东西,因为他们是按法语的标准来判断英语的;我们或者可以从一位批评印象派画法的立体派艺术家那里,认识到立体派绘画的美学形式。

让我们把考虑到人文相关性而获取的任何知识系统中的任何元素规定为“真理”:他们相信他们理解这一系统,他们对这一系统非常感兴趣,并且他们认为这一系统确实包含有关此系统所涉及的对象的有效知识。如何规定这些元素呢?社会学家不可能回答这一问题;因为主动对知识系统感兴趣的人,对“真理”的本质会有非常不同的看法。“真理”被等同于名称、句子、 7
命题、人工符号及其相互关系、观念、表征、观察、概念、判断、直觉、习惯、对刺激的反应,等等,每一种这样的分类都可加以不同的规定;因此,柏拉图的“理念”(idea)与洛克的“理念”(idea)迥异。然而,在考察多种形式的“真理”在视这些真理为正确的人们的主动体验领域中实际发挥的作用,即考察对某些真理的承认对于作为主动体验之主体的人的有意识生活有什么影响时,我们一般可以说,无论作为一种**思维规范**的真理功能被认为是什么,它都强加在有意识的行动者身上,而这些行动者则承认它是对他的经验的某些材料的独特选择与组织。因而,经验材料也就具备了知识对象的特征。而“真理”本身——或更宽泛一点,整个系统(“真理”只是其中一个元素)——在所有确认这种“真理”的人的主动经验中，具有了“客观”意义，这在他们看来，使系统的有效性似乎独立于他们的“主观”情感、愿望和表征之外。他们**参与了**知识系统，正如一位领导或一个成员加入一个社会群体，一位经理或一个工人属于被称作“工厂”或“作坊”的技术系统。

现在，社会学研究发现，知识与社会生活之间有两种相互联结的方式。首先，人类对某些社会系统的参与和人类在社会系统界限内的行为，通常依赖于他们对一个特定知识系统的参与。
8 一个受过“教育”或“精通”某些理论的人，才被允许扮演一定的角色，成为某些群体的成员，此类群体不允许有“无知者”。一个接受了神授的宗教教义中的传统主义的人，作为某一特殊群体的成员或官员，与一个承认世俗的应用知识的神学理性主义者，表现得截然不同。现代物理科学与生物科学的发展与普及，一方面直接改变了传统的信念，另一方面间接通过这些科学技术的应用，显著影响了许多社会群体的成分与结构。

其次，人类参与一定的社会系统通常（虽然也许不是完全地、绝对地）取决于他将参与什么样的知识系统，以及如何参与。许多社会群体要求所有成员对宗教教义或某些非专门科学的基础知识略知一二，也有一些社会群体禁止他们的成员接触某些理论。如果某个人想从事专业性职业，他必须依据社会规则和法规,具备那些职业所必需的知识。有各种各样由社会指定的参与知识系统的方式,有时候只要求并训练人们去背诵那些表达知识的公式,而在另一些时候却要求并教导人们去理解知识系统的所有意义。他们可能会强调包含于知识系统的“真理”的实际应用,或者相反,仅强调其纯粹的理论意义。在许多 9
情况下,不允许对知识系统进行修正;在另一些情况下,不仅允许而且认为完善、发展、修正和补充知识系统应受奖赏,甚至在很少的情况下,认为重建一个新的系统也应受到允许和奖赏。

个体同各种各样的与知识有关的社会需求之间的协调,可以通过教育、鼓励与控制的专门方法达到。当然,这些方法在具体场合是否成功,受个体的心理承受能力与性格的制约。但是,为什么个体通过参与某些知识系统而不是参与另一些知识系统,来显露出他们所具有的此类心理承受能力与倾向,这一问题只能通过研究那些个体生活于其中的社会才能回答。

因此,虽然人们公认知识系统——以客观成分、结构和有效性为标志——不可能还原为社会事实,然而,它们在历史中存在于经验的文化世界之内,就它们所依赖的构造它们、通过传播与应用来维持它们、发展或忽视它们的人类来说,知识系统必定在很大程度上可以从社会学角度加以解释。这就是“知识社会学”一直在从事的工作,无论什么时候,使它变成一种认识论都不是徒劳无益的。即使如此限制,要想吸引众多年轻一代社会

10 学家从事“知识社会学”研究，任务仍然相当艰巨，尤其是至今用于研究这些问题的概念框架还显得相当不足。

在目前的框架内，我只想研究“知识社会学”所覆盖的部分领域。根据直接的和间接的经验与观察，我们假定，知识是历史地成长起来的，它是无数人类个体的各种文化活动的凝结物。并且，我们熟知下列事实：某些个体，在他们的生命历程中或长或短地致力于知识的耕耘，与此不同的是另一些个体专门从事各种形式的其他文化活动——技术的、经济的、艺术的，等等。我们把第一类人叫作“科学家”，在语源学意义上这个词来自拉丁文 scire，即“求知”，相当于“知识人”（类似于法国的“博学者”一词）。这明显不同于认识论家和逻辑学家赋予“科学家”一词的意义，而且比他们所指的意义更广泛，他们只是从知识领域的客观性成果去规定“科学家”的含义。根据现代文献中的流行用法，一个个体要想成为一名科学家，必须产生出一定的成果，并被明确的有效性标准评判才具有资格。许多作家把这种标准与现代自然知识的标准等同起来，对他们来说，“科学”意指数学、天文学、物理学、化学、生物学的一部分，也许还可勉强地添上地质学；对他们来说，科学家就是
11 在上述领域之一胜任工作的人。当然，如上所述，对于我们社会学家来说，人文相关性适用于我们获取的材料，因此，所有知识被那些参与其中的人公认为有效，而“科学家”也就是这

样一个个体，他被他的社会环境所公认，他规定自己专门致力于知识的开发，而不管认识论者或逻辑学家对他的工作做出肯定还是否定的评价。

现在，任何一种文化活动中出现的个体专业化基本上都被认为是一种受到社会制约的现象。社会学家已广泛注意到了这一点。斯宾塞在《社会学原理》中第一次系统地研究了这一问题，虽然我们发现其中某些观点早在他的社会哲学中就预见到了。然而，社会学家在大部分情况下都把注意力集中在这一现象的集体性方面；他们把社会作为一个整体，把个体专业化看作社会结构的一个问题，看作社会据以维持的总体活动系列的分化。这就是涂尔干在他著名的《社会分工论》一书中所强调的。在这本书中，功能的日益分化，被视为人类社会历史中最重要的集体过程而加以研究。

但是，专业化也有一个个体方面的问题：致力于任何一种活动的人之间能加以比较研究，而不论这种活动在某一群体或某一社会整体中起什么样的作用。这种比较研究可能是心理学 12
的或社会学的。在前一种情形中，注意力集中在与社会环境分离的作为心理生物体的个体自身，问题在于，任何典型的心理特征是否与给定活动的分化相关，如果真是这样，如何解释这种联系。19 世纪后半期，大量这类专论性研究开始进行，而心理分析技术的发展和社会习俗的引导，进一步刺激了这类研究，其目的是为各种职业选择成员，选择的标准是要具备或容易养成各种职业的成员所应具备的那些心理特征。对专业化人员的社会学研究，其主要兴趣是个体与社会环境之间的相互联系；并把专业化活动置于当时的文化背景之中。弗雷泽在《金枝》（*The Golden Bough*, 1935, Vols. Ⅰ, Ⅱ）中对僧侣与皇帝的研究，就是一个经典的例子。当然，在具体的研究中可以把心理学与社会学问题联系起来，桑巴特的专集《资产阶级》（*Der Bourgeois*）就是一例。

在社会学中，研究这些问题的概念框架，随着专论性研究的进行正逐渐发展起来。近年来，"社会角色"一词已被许多
13 社会学家用来指称上述专业化现象。① 我们可以说，牧师、律师、政治家、银行家、商人、外科医生、农夫、工人、战士、家庭妇女、教师各自代表一种社会角色。更进一步说，这一概念（稍做变动）不仅适用于致力于某些活动的个体，也适用于作为某些群体之成员的个体，因此，美国人、法国人、卫理公会的教徒、天

① 某些社会学家喜欢"人格角色"（personal role）一词。这一概念可以追溯到库利的《人类本性与社会秩序》（*Human Nature and the Social Order*, 1902），之后，经帕克（R. E. Park）、伯吉斯（E. W. Burgess）、米德（G. H. Mead）、希勒（E. T. Hiller）和其他人得到发展。我及我的助手运用这一概念，对连续若干年积累起来的第一手资料，进行了一系列专论性研究。这些研究涉及下列各类社会角色：农民、农民家庭妇女、农场劳动者、工厂工人、失业工人、家庭中的孩子、学校中的学生、游乐群体中的年轻成员、战士、教师、艺术家。每一项研究所引用的资料均来自几个国家的社会。其中某些研究成果已发表，大多用波兰文发表。目前这项研究的初步纲要已发表在《波兰社会学研究》（1937 年）上。

主教徒、共产主义者、法西斯分子、俱乐部成员、家庭成员（孩子、父亲、母亲、祖父母），都充当了一定的社会角色。① 在一生当中，个体可以相继或同时充当若干不同的角色；一生之所有社会角色的总和构成他的社会人格（social personality）。

每一个社会角色假定，可以把执行角色的个体叫作"社会人"，参与他的角色执行的或大或小的一群人可以叫作他的"社会圈子"。在社会圈子与角色之间有一种由大家所赞赏的价值 14 复合体构成的共同凝聚力。人们都受这种凝聚力的约束。在商业或银行家的情形中，顾客形成他的圈子，共同的凝聚力就是经济价值；医生与他的病人之间的凝聚力是卫生保健价值；皇帝与他的庶民之间的凝聚力是政治价值；牧师与他的凡俗信仰者圈子之间的凝聚力是宗教价值；艺术家与他的欣赏者和批评者圈子之间的凝聚力是美学价值；孩子与他的家庭之间的凝聚力是充满家庭生活内容的各种价值的总和。在"社会圈子"中，这位"社会人"在他的圈子内受到肯定的评价，因为圈子内的人相信，为了实现他们的价值倾向，他们需要他的合作。对于那些想投资或借贷的人来说，也许需要银行家的合作；对于那些想恢复或保持自己以及他感兴趣的人的身心健康的人来说，医生的合作也是必不可少的；孩子与家庭其他成员的合作，对于维持家庭

① 参见作者的《社会群体：个体相互合作的产物》，载《美国社会学杂志》（*American Journal of Sociology*, May, 1939）。

生活正常运行也是必要的。另一方面,这位“社会人”如果没有他的圈子的合作,显然就不可能执行他的角色——虽然不一定要圈子内每一位个体都合作。没有顾客,就没有活跃的银行家;没有病人,就没有执业医生;没有庶民,就没有君王的统治;没有其他家庭成员,就没有家庭中的孩子。

这位“社会人”被他的圈子想象成一个有机的心理实在,他有“自我”,他意识到自己的身心存在,清楚地意识到其他人如何尊敬他。如果想做他的社会圈子需要他做的那种人,他的“自我”就必须按照圈子的意见,在体力和智力上,具备某些品
15 质,而不是拥有其他一些品质。例如,肌体的“健康”或“疾病”状况,影响他执行大多数角色所应当具备的能力,而具体的职业角色,如农民、工人、战士、家庭妇女,则需要具备某些体力技能;在运动与进食的“恰当的”方式方面缺乏训练,使个体无法扮演需要具备种种“社会”样式的角色。某些角色只限于男人;另一些则只限于女人;每一个角色都有年龄限制;大多数角色暗含需要某些肉体上、种族上的特征,以及明确的(虽然是可变的)外部特征标准。

执行社会角色的个体所具备的心理品质差异甚大。在每一种西方语言中,都有成百上千个词汇指称“智力”和“性格”的特性;而几乎每一个这种特性都有(或过去有过)一种价值论的意义,也就是说,对所有人或执行某几种角色的人做出肯定或否定

的评价。在朴素通俗的看法中，这些心理特性就是实在的“精神”或“灵魂”的真正品质，个体的各种专门动作（包括文字陈述）表明这些心理特性是存在的。

为某一社会圈子所需要、其自我具备圈子里他扮演的角色所需要的品质的人，具有确定的社会**地位**，也就是说，他的社会圈子授予他一定的权利，并在必要时强化这些权利以反对圈子 16
内外的个体。其中，某些权利涉及他的人身存在。比如，他拥有生态位置，有权占用一定的空间（家庭住房、办公室、座位），在这些地方可以免受人身攻击，并有权在给定区域内安全活动。他的经济地位包括有权享有维持与他的角色地位相称的生活水平所必需的物质价值。其他的权利包括他的“精神幸福”：他有一个固定的道德立场，能够索取某些社会承认、社会反响，并要求参与到圈子的非物质价值中去。

反过来，他必须执行社会**功能**；他有义务完成一定的任务。以满足他的圈子成员的需要，他也有义务以某种方式向他的圈子成员显示，他在价值上肯定了他们。

根据上述研究，我们认为，尽管不同种类的社会角色各自有相当不同的成分，但上述几个方面是所有社会角色都拥有的基本成分。但是，如果我们仅仅认识了角色成分，那么我们对角色的认识还不全面。因为角色是一个动态系统，在它的执行过程中，角色成分可能会以不同方式相互交织在一起。按照角色执行者

的主观意向，可以有多种方式去执行角色，比如，他可能只对其中
17 之一种角色成分——社会圈子、自我、地位、功能感兴趣，而使其他成分从属于它。无论他的主要兴趣是什么，他可能都要与他的社会圈子的需求相协调，或者来一个创新，而变得独立于这些需求。但是，无论在哪一种情况下，他都应该乐观地对他的角色所提供的机会充满信心，并努力扩大机会，否则他就可能对角色所展示的可能性表示怀疑，并倾向于把可能性限制在相当可靠的最小限度内。

做出这样一种关于所有社会角色的一般性结论的可能性，或者更具体地说（虽然仍有广泛的适用性），关于某一类社会角色——如农民、牧师、商人、工厂工人或艺术家——的概括性结论的可能性，明显向我们表明，在这些社会现象之间存在着本质的一致性和重要的差异。社会角色构成社会系统的一个一般类别，这个一般类别又可以细分为许多不太一般的类别，如此进行下去。比如，在工厂工人这一类别内，有成百上千个工人亚类别。他们受雇于各行各业；并且，按照工厂的经济组织情况，又存在着另一个分工的系列。从任务上讲，系统社会学类似于系统生物学，只不过系统生物学涉及更为复杂的生物有机体的类与亚类问题。在这两种情况下，都只是由于各专门系统之间具有一致性，才使进一步寻求静态与动态法则成为可能。但是很明显，社会领域中一致性的来源与生物学领域是不同的。

虽然两个领域都把分化归咎于个体系统间的差异性，生物

系统的一致性主要是由于遗传；而社会系统的一致性，同所有文化系统一样，却是在许多具体场合反思或非反思地使用同一种 18
文化模式的结果。显然，有一种基本的和普遍的（虽然是非反思的）文化模式，与此相一致，个体与社会群体之间所有各种持久的联系被规范地组织起来，我们用“社会角色”一词来表示它。这一文化模式的起源已消失在现已无法探究的过去，在任何地方都可以看到的以性别与年龄区分个体的角色，很可能是最早的角色变量，而其起源也同样无从知晓了。

但是，人类历史上出现的大多数文化模式都可以从它的形成和持续过程加以研究。它们通常从较古老的未分化的模式中分化出来，在较为稀少的情况下也通过逐渐的却又是完全创新的发明产生出来。在这些新模式中，许多是短命的，或者只限于小集团，有一些却持续了成千上万年而且遍布全球。在现代美国社会，若干社会角色模式能追溯到史前时代，有些现在仍极有生命力，像农村家庭妇女模式，另一些可能勉强生存下来，注定马上就要消逝，诸如魔术家和相术家。

有时候，一种模式被明确地公式化为法律或伦理规范系统，
它规定了特定的政治或宗教社会内某一阶层的所有角色应该是 19
什么：于是，这种模式由某一占统治地位的群体强加给所有竞争这些角色的人。例如，军事、行政、法律与司法的角色模式就是这样通过国家立法加以维持并传递下去的；僧侣与医学角色

模式,是这样在职业群体内确定并稳定下来的,商人与工匠角色模式在西方也是这样通过行会团体的作用而经过几个世纪长久存在下去的。在另一些情况下,社会角色模式没有被明确地理性化,而是包含在共同体的风俗习惯中,通过教育和模仿过程由老年人传递给年轻人;这就是贵族、农民、家庭妇女、仆人的角色模式的恒定化过程。有时候,这种模式更多地受规范性群体规则的补充与修正。

至于社会角色模式从一个共同体到另一个共同体、从一个社会到另一个社会的扩散,有各种各样众所周知的方式:借鉴近邻的文化、旅游、贸易、移民、殖民化、征服、书本知识的传播。但是,并不是所有在不同的共同体或社会中发现的角色相似性,都能得到解释;在许多情况下,我们必须承认存在着彼此独立但沿着相似道路的进化。战士、牧师和小农场经营者角色在世界范围内的相似性,必须尽可能地以传播与平行进化相结合的角度来解释。

这里制定的社会角色概念,为我们解决“知识社会学”问题
20 提供了背景。首先,我们假定,当前专门从事知识追求的个体就是“科学家”,他们执行一个明确类别中的社会角色。这意味着,必定存在积极评价一般的知识或特殊的系统知识的社会圈子。这些圈子的成员必定认为,他们需要科学家的合作,以便实现与上述知识相联系的某些意向。为了有资格成为他的社会圈

子所需要的科学家，个体必须被当作一个拥有某些被期望的特征，而缺乏某些不被期望的特征的“自我”；必须赋予个体一定的社会地位；同时，他必须发挥一定的社会功能，以满足他的社会圈子在知识方面的需要，换句话说，他必须考虑到授予他社会地位的那些人的利益，因而必须扩展知识。

真的有这样一些角色吗？如果是，那么角色的基本成分与结构是什么？他们中有没有特殊的不同类别？一类角色是如何在逻辑上与其他类的角色联系在一起的？既然在社会领域，正如在生物领域一样，类别之间的遗传联系部分阐明了类别之间的逻辑联系，那么我们会问：总体上讲，科学家角色的起源是什
么？这些角色的具体变异是如何发生的？① 21

这向我们提出了第一类问题。它们与对社会现象进行系统描述与分类的所有问题属于同一类。但是，由于这是一项“知识社会学”研究，我们必须面临其他边缘问题。在科学家所执行的社会角色与他们所创造的知识种类之间有没有功能依赖关系？更明确一点：科学家所构造的知识系统，以及构造知识系统的方法，是否受到社会模式（科学家作为一定社会秩序的参与者，要求与这一模式相一致）以及他们现实地认识这些模式
的方式的影响？ 22

① 见兹纳涅茨基的《社会学方法》的第六章“分析的归纳”。

第二章　技术专家与圣哲

知识：所有社会角色的先决条件

为什么科学家，那些沉醉于创造知识而放弃了积极有效的行动的人，不仅能为行动者所容许，而且他们生活于其中的共同体还授予他们一定的社会地位，并且认为他们正在执行一种人们所期望的社会功能？

这并不是一个华而不实的问题。几千年来，科学家一直埋怨大众对他们所从事的知识给予的重视太少；社会生活的社会学观察家，在赞同这些埋怨方面持有一致意见。对处于较低文化水平的共同体和较文明社会中积极从事实际职业的一类人——农民、工匠、商人、家庭主妇等等——的研究表明，为什么在正常的生活过程中，行动者很少感觉到真正需要那些专于知识的人。即使在那个时候，人们仍可能提出下列问题，什么时候对科学家的知识的需求是自发产生的，什么时候应归之于某些文化传统的影响?

事实上,每一位执行某项社会角色的个体,都被他的社会圈 23
子认为具有,或者他自信具有正常的角色执行所必不可少的知识。如果缺乏这些知识,他就会被认为在心理上不适合于担任这一角色。获得这种必要的知识是通常被称作“教育过程”的准备阶段中的一部分,并且是最重要的部分;直到认为他已经获得这些知识(也包括角色所需要的其他个人特征),他才成为他正在为之做准备的角色候选人。最初,教育过程是在那些已经在执行候选人正在追求的角色的人们的指导下进行的。下一章我们要研究“教师”这一专门角色的出现及其发展,他们把知识传授给那些正在追求其他角色的一批人。当然,并不是在一个共同体内执行相似角色的所有个体,都被要求或被相信具备同等的知识;他们也并不被认为在角色所需的其他个人特征方面完全一样。对个体间不平等的承认,导致了执行某一类角色的人当中出现社会地位的初步分化。于是,在知识上处于劣势的人,正如在技能、健康、创造性或毅力方面处于劣势的人一样,不会像具有卓越才能的人那样被委以重任。但是,只要某一共同
体当中的人们被认为具有足够的知识去完成共同体所要求的各 24
种实际功能,他们就不会需要那些专门致力于开发知识的科学家。

这种情况通常普遍出现于较简单的、相对孤立的和保守的

共同体之中，即无文字社会中的人、农村和小城镇聚居地。它们虽然从属于某一大国或政治集团，但几乎不能共享高等文化。在这类共同体中有两种知识：特殊人员在执行其职业角色时所必需的专门知识；所有成年人作为共同体成员所必须具备的常识。

行动专家与工艺知识

我们把第一类知识叫作工艺知识，因为它是成功地使用技能（为发挥职业功能所需）的基础与条件。据认为，一个猎人知道捕捉猎物所必需的一切，知道有关野兽、捕猎工具，以及可能影响他的活动的自然因素（包括魔力）等一切东西。一位印第安妇女的家务技能，包括大量有关她所采集的植物和有关用于缝纫、烹饪、编织、纺织、制陶、搭帐篷的物质和器具的知识。人
25 们也认为，农民应当具有关于他所耕种的植物在不同季节中生长情况的知识，以及干扰植物生长的杂草、土壤、施肥方法、气候、马匹和家畜、他所使用的各种工具等方面的知识。

这些工艺知识有一个明确的实用特点，检验它的有效性是实际应用。但是这不意味着，包含于工艺知识之中的每一个具体或一般的“真理”，都通过一个类似于科学实验的过程在实践中被分离出来加以检验；或者经受住检验的留下来，失败了的被

淘汰。这些完全是猎人、妇女、医生、农民的个人知识的总和，或者至少是关于他想努力在实践中加以控制的那部分现实的个人知识的总和，这些知识要经受实用的检验，被肯定或遭否定，一切取决于他最后是成功还是失败。

一个正在充当某一职业角色的人对工艺知识的每一次实际应用，都出现于一个具体的情境之中，这一情境涉及许多各不相同的对象和过程。远征的猎人、编织毛毡的妇女、为病人治病的医生、种植庄稼的农民、建造房子的建筑工人、在战场上指挥军队的军事首领，都进行着一种行动，行动的构成要素及要素之间的相互联系不仅高度复杂，而且不断变化。这变化既是他行动的结果，也受到外部因素的影响。在行动之始，他按照已学会应用的某种模式，规定了他所面临的情境。 26

在职业模式中，选择一种情境定义，包括设置目的；预先规定将来要达到的结果（杀死某种猎物、建造已选定大小与风格的房子、病人重获健康）；从现实中搜集的资料，以及在这种关系中促进或妨碍目标实现的重要条件（猎物的可能位置与习惯，气候条件，可随意使用的工具；房子的地点、建筑材料的性质、来源与价格，现有劳动力，由建筑者提出的资金；病人的肌体情况，疾病的性质与根源，他的环境情况，能提供什么药物；等等）。

情境定义提出了一个实际的问题：如何在给定条件下达到

目的,通过选择出某些资料,并按照专门的技艺,把这些资料当作材料和工具,这个问题就解决了。除非解决实际问题的全过程预先严格确定了,且实现目的的过程相当巧妙熟练,否则,先前没有注意到或没有预见到的资料肯定会在活动范围内出现。于是,最初的情境必须重新定义,实际问题变得或多或少同以前不一样。在最终达到结果之前,这种情况会反复出现若干次。
27 因而,无论最后结果多么令人满意,它肯定有别于最初的目的,除非行动的全过程,在人工隔绝与调节的条件下,完全是先前行动的复制。比如,在同一工厂中生产同一类型的第一千辆汽车。

我们看到,在职业角色执行的最初阶段,以及后期的几个阶段,执行者必须运用大量各种专门知识:关于材料的知识,材料进入最初已定义但后来又重新定义的情境;关于各种工具性过程预期效果的知识,为了达到目的必须将各种工具性过程结合起来。当然,这些性质各不相同的知识,并不是杂乱无章的;因为职业模式确定了一个猎人、一个医生、一个战场指挥官、一个农民或一个建筑工人,在执行正常情况下属于他职业功能的那些行动时,应该使用哪一类知识集合。但是,在科学技术发达之前,没有客观的理由认为在他的知识集合里包括或不包括任何孤立的“真理”;因为这一知识集合并不是脱离执行者个性的系统化理论,而是执行者在积极发挥他的功能时在实践中组织起来的。如果他的某些行动成功了,这标志着,他个人知道所有为了获取成功而必须知道的知识，并且在他的行动过程中某一恰当的时间恰当地使用了这些知识；如果失败了，那意味着，要么他缺乏一部分必需的知识，要么在应该使用知识的地方他没有 28
这样做。进而，在对其他人下判断时，他的工艺知识很少与他的实际技能、创造性、毅力及良好的愿望分离。确定所有这些“个性品质”在他职业活动的成功或失败之中起到了什么作用，需要一定程度的反思能力，而在我们所考虑的文化发展阶段上，人们难以做到这一点。即使在那时的文化水平上这不是不可能的，但更为困难的是对角色执行情况的分析，这种分析将对他处理资料时的一些想法的客观有效性，或是他将这一想法运用于工艺过程产生的结果做出评价。

这样的情况的确发生过，在比较同一执行者或同一职业的两个执行者之成功与失败的行动时，其差别可以明确地追溯到应用于两种案例中的观念冲突；这一过程偶尔也可以导致技艺知识的改善。但是，这种检验作为职业效能进步中的一个因素，其不确定性充分表现在人们在成百上千、成千上万年间对实践职业中的巫术所抱有的持久不衰的信仰。甚至现在，仍有不计其数的共同体，还没有受到现代技术理性的冲击渗透，在这些共同体中，很容易看到他们把职业角色的失败归咎于执行者忽略或不赞成某些巫术或宗教的力量，以至于没有搞一些仪式去召 29
唤这些力量。甚至除了魔术之外，各种各样纯属荒唐的观念一直存在于某些职业中——如世界各地的农牧业——并且，这种观念还以实用主义的说辞（已被经验证明在实践中“有效”）抵抗这种外来批评。

当然，在追求职业角色的教育准备期间，甚至在此之后，在常规性地从事职业活动时期，个别人的工艺知识的确在实际使用过程中增加和完善了。但关键问题是，增长的极限受到某个具体个人的个人知识的限制，或受到那些被公认为最成功因而懂得最多的人的个人知识的限制。他们成了自己职业中的最高权威，除非在另一个共同体中某人的声望（职业效能、智慧）甚至更高。但是，这种工艺权威不是科学家，因为对他们来说，需要的不是知识，而是在自己的职业领域内具备卓越的技能。知识只是一种辅助性的东西，虽然它是必不可少的前提条件。当一个初学医道的人师从于著名权威时，当一个没有经验的家庭
30 妇女试图向一个由于家务活干得出色而获得普遍赞赏的妇人学习某些方法时，当一位年轻的中世纪工匠跨越半个欧洲去向一位著名大师学艺时，他们寻求的不是理论，而是可供实际模仿的模型。

只要那些从事实际职业的人确信，在他们的角色执行中出现的任何情境，大都（如果不是全部）可以纳入他们熟知的一般模式之中，那么，他们就不会产生对作为高级知识承担者的科学家的需求。在没有科学家时，行会是知识与技能的唯

一裁判官。它制定技艺成就的标准；它拥有经过反复试验的、为失败辩护的抵御外来批评的方法，即使必须承认某项失败，也可以以同一人或行会内技艺更好的人在将来取得的成功来挽回名誉。

职业顾问与技术知识的肇始

只有当执行一定功能的人开始意识到，他们面临一种不知如何定义的情境，因为它无法纳入任何熟知的模式之中时，困难才出现。这种意识可能以两种方式出现：一种方式是，在其中执行职业功能的环境条件发生了意想不到的重大变化；另一种方式是，由于与其他共同体的文化接触，或者本共同体内产生了创新，在解决实际问题时，引入了新的定义情境的方法，连同新的成功与失败标准。

第一种扰动的来源有如下案例：出现了一种症状不太为人 31
熟悉的疾病；猎物和鱼未曾预料地变得稀少；一种未知的毒虫正在残害庄稼；难以获取迄今在手工中使用的物质材料或工具；以一种不熟悉的武器武装起来的敌人的入侵；国家对某一共同体征收新税或加重其他负担。

第二种扰动的来源有下列例子：外商带进来新的商品正在取代当地的公众消费品；移民或归国旅游者引进一种新的手工

艺品;治疗疾病、耕种或施肥、手工艺、持家的新方法(仿自国外,或通过个人的创造力慢慢进化而成);引进新的谷物或家畜品种;发现了共同体外部所需求的、未曾开发的矿藏。

在这些情况下,即使是最高的职业权威也会困惑,该如何用恰当的方式定义这些不熟悉的情境,并解决由此产生的实际问题。最终,他们开始认识到,工艺知识已不够用了,于是寻求从那些拥有高级知识的人那儿得到启发。这一选择——坦白承认他们的实用技能缺乏效能——无论从客观上还是从主观上都不能令人满意。因为他们的困难是他们不知道该做什么;一旦他们知道了该做什么,他们就以为能够开干了。我们发现,对于从事实际工作的人来说,承认无知要比承认无能明显来得容易,并
32 且似乎不太会丢面子。考虑到下列事实这就不足为奇了:社会圈子所需要和所期望的主要是工艺技巧,而对作为技能之基础的工艺知识相当不感兴趣。

于是我们发现,在共同体中,在那些原有职业模式受到意想不到的变化冲击的地方,需要顾问,以便让那些执行职业角色的人遇到疑难问题时可以请教。对于从事实际工作的人来说,现在的问题不是技能而是知识,因此他们要在顾问那儿寻求知识而不是技能。最好是——并且通常是最本质性的——顾问不要参与到向他求教的人的实际角色中去:他必须处于竞争圈子之外,这样,参加行动的人才能相信他的劝告是公正超脱的。一旦

与顾问发生意见分歧，他们就顺从顾问的判断，使自己的意见屈从于顾问的仲裁。

我们发现早期有两类顾问。一类是牧师，他的主要功能当然是实用的：他被认为能代表共同体及其成员，直接控制巫术力量，并影响宗教的威力。除此之外，有些人在执行职业角色过程中，遇到未曾意料到的、实在无法理解的情况时，也向他求教，尤其在工艺进化的较低级阶段，每当遇到困难的或危险的自然条件时，经常出现这种情况：那时的生命充满萨姆纳（W. G. Sumner）在《民俗论》（*Folkways*）中所说的“随机元素”（the aleatory element），即不可预见的事件，现存工艺知识无法解释。恰恰在这里，牧师所具有的（向他人隐蔽的）神秘知识便流行起 33
来。在一些重要事件，尤其是那些影响整个群体的事件上，人们要求他按照他的宗教功能亲自表演，在许多情况下，却是希望他提供别人在解决困难时所缺乏的知识。他向猎人、战士、水手和农民解释降临于他们头上而他们不能理解的事实的本质与来源，他诠释神灵的神秘预兆并预测未来；他劝告人们应该向哪位神灵祈求，应该用什么方法赎罪。①

虽然牧师过去（甚至现在）在较简单的、保守的共同体中起着非常重要的作用，然而，牧师并没有得到像世俗顾问那样的重

① 弗雷泽强调牧师在技术知识方面处于智力上的领导地位。

大发展，随着技术的进步，牧师的价值极大地减小了。一方面，牧师的忠告难以在实际上检验，因为它以俗人经验之外的事物的神学知识为基础，在讨论牧师学者的神圣训诫时我们将返回到这一问题上来。另一方面，牧师有他自己的实际职业角色，不可能具备其他职业角色——猎人、农民、工匠——可能急需的所有专门知识；他只能对不平常情境中的巫术或宗教因素提供咨
34 询，而对其他因素无能为力。当然，牧师可能具备本质上与非宗教的职业相联系并且具有十足世俗特征的专门知识，如埃及、巴比伦和希腊的医学。但是，如果他以这类知识为基础向人们提出职业角色方面的忠告，他的功能就与世俗顾问相差无几了。

世俗顾问主要是老年人，他已退休，退休前曾经是那个领域的权威。有时，他是一位游历极广的人，像奥德修斯，“见过众生芸芸的城市，知道这些人脑子里想些什么”，但他也许不像奥德修斯那样专注于自己的烦恼。偶尔，这个人是一个外来者，人们并不希望他与当地人一比高低。或者，他的地位可能要比与之竞争的人高，像某一农民共同体中巨富的拥有者，农民从个人角度信任他。但是无论如何，他必须能提供忠告，尤其作为实践权威间争议的仲裁者，这样的人必须比向他求教的那些人具有广博得多的知识。他的知识不能限于个人的职业经验（无论多么长久并且多么成功），而应该包括大量的对于不同角色的人的职业活动的可靠**观察**。

这意味着人们希望他不只是知道如何实际处理专门的工艺问题,还要知道不同的人以哪些不同的方式定义他们职业活动过程中遇上的情境;他们还被人们认为,不仅在一个职业,而且 35
在几个相关的职业中,不仅在一个共同体,而且在各种各样共同体中,考察了用于解决实际问题的各种工具和方法。换句话说,不仅是工艺行动所创造并使用的价值,而且工艺行动本身也构成了知识的对象;他不是一个实施工艺的人,而是研究工艺的人,他所具有的知识被称为**技术知识**(technological knowledge)。

在原来的技巧性问题中,执行者的知识与技能不可分离地相互包容,当他向顾问求教有疑问的情境定义时,执行者的知识与技巧在其中不可分隔地缠绕在一起的工艺问题就被分成了两部分:理论部分和实用部分。仲裁人的首要任务在于理论方面——诊断任务。他必须界定情境资料,发现情境资料的基本元素及其相互关系,发现它是如何产生的。当人们在职业角色的执行过程中,对自然界、人类机体生命或文化生活中发生的某些事情理解不了时,顾问就以其至高无上的地位和广博的知识为他们解决这些理论问题。

有一个实际问题仍有待解决:如何在被工具限定的现实所判定了的条件下实现既定的目的。然而,在行进到工具性阶段之前,必然有一个对所指向的结果进行反思性决定的过程,并有一个对达到这一结果的可能最令人满意的过程进行智力选择与 36

组织的阶段。在一个常规的情境中,可以由角色执行者按照自己的能力去定义并研究情境,这些都容易做到:目的之确定已包含在情境定义之中,固定的规则表明如何处理这类情境。

但是,在一个只有拥有技术知识的人才能理解的非常规情境中,目的必须适应新的不熟悉的情况;预先设计出或多或少新的行动方式,替代惯用的技巧性规则,以便预见并克服获取成功遇到的障碍。诊断的理论问题解决之后,还有两项任务有待完成:**制订计划**,这是一个应用知识的问题;**执行**或**实施计划**,这是一个技巧技能的问题。

现在,具有技术知识的人面临重要抉择。他可以在做出诊断之后制订计划,让行动者去仿效执行;这意味着他为行动后果承担责任,并使作为计划之基础的知识经受实用的检验——当然,假定行动者不把事情搞得一团糟。或者,他对诊断的实际后果不承担任何责任,最后的责任仍然由做出并执行计划的行动者去承担。

当职业角色的执行者提出咨询时,在早期,顾问的作用只是
37 提供自己的意见,在任何具体例子中,这些意见部分依据执行者的需求,部分有赖于他自己的意愿,而不论这些意见是包括诊断和计划,还是仅仅是一个诊断。然而,最终两者中总会有一个被以具有技术知识的人为中心的社会圈子视为常规习惯。从规模较小、比较简单的共同体到规模较大、比较复杂的学会,可以发

现有两种不同的技术角色(technological roles):**技术领导**,他们定义情境并为技术人员制订计划;**技术专家**,他们专门进行诊断。当这两个角色最终稳定下来时,已经有人为获取这两个角色而做准备了。

技术领导

当一项职业任务需要若干人合作时,必须有一位技术领导,他协调这些人的活动,除非这种合作由于频繁的竞争而形成一种程式。如果这项任务需要技术知识,那么就要求技术领导具备这种知识,由他诊断情境,为他的伙伴们制订计划,并在他的技术指导之下执行所制订的计划。在简单稳定的社会中,当面临一个新的困难情境需要集体行动时,通常会邀请已退休的顾问,授予他领导权,他不仅制订计划,而且直接指导计划的实施过程。在更为复杂和变迁的社会中,或多或少明确公认的技术领袖需要具备技术知识。预定在集体行动中领导其他人的个 38
体,预先做好了准备,即获取技术知识,并学会在诊断与计划中使用这些知识。因此,未来的战争指挥官,包括准备关于军事战术战略、武器、防御工事、围攻工具等方面敌我双方的比较知识;未来的道路桥梁建筑者、港口或灌溉系统的建设者、建筑师、造船匠或领航员,不仅要接受技巧技能方面的训练,还要训练一种能预见他将要领导的群体可能遇见（经常是出乎意料地）的各种各样技巧性情境的能力。他应该知道如何预先确定（通常十分详尽）在他的领导下他的群体努力的目标，以及实现上述目标所必需的各种工具性过程如何在成员间进行分配。

在现代的几乎每一个技术领域，集体任务正日益取代个体任务，因此，技术领导者角色成倍增加，日趋专业化，他们的知识也越来越精深准确。他们不仅成为工业中一支不可缺少的力量，甚至在诸如贸易、银行、财政这类人类活动领域中也大显身手。在这些领域，实际的情境材料除了物品之外，还包括有意识的人类，其中许多职业功能由各类专家组成的群体执行，他们统归某些人领导，这些人为了执行他们的角色，已经有目的地获得
39 了大量复杂的技术知识。而且，技术领导很少个人直接参与实际的工具性过程，在对这些工艺过程做出计划并将成员分配完毕后，就让一名下属技术领导去监督计划的执行。最后，在任务复杂的大群体中，诊断和计划的功能分化了：评议委员会从总体上对群体正面临或可能面临的各种情境的复合体进行综合诊断，并指出以后总的行动方向；技术领导连同助理领导，则更精确地诊断每一种情境，并拟订总的计划，其中包括若干分散的专门计划，计划的执行就留给专门技术人员的子群体。

技术领导显然是一位“科学家”，一位知识人，他的作用是开发并使用知识，为那些缺乏知识并在职业角色执行过程中需

要这种知识的人服务。但他也是一位社会领导者，群体之首。
他的社会领导地位遮蔽和局限了他作为一位科学家的功能，因
为社会领导地位给了他一种群体内的制度化的权力；因为他控
制群体的集体力量，领导权成了他在更大的社会（群体只是其
中的一部分）中的声望和影响的源泉。达到这样一种社会领导
地位有多种方式：他可能承袭，或被群众推举出来，或从下属位 40
置爬上去，或由一个具有至高无上统治权的群体中的一位领导
任命，或由于受到某些具有社会影响力的群体的支持而以武力
去夺取。但是，只有避免技术计划方面的错误，不致使群体在实
现目标时失败，他才能维持这一社会地位。

相比单独的技术人员个人，专门组织起来以实现技术任务的群体中的失败会产生严重得多的后果，由于后者任务更重要，因而带来的损失也就更大，对群体会有解体性的影响。领导者要对失败的后果负责，其结果是他在群体内以及更大社会集团内的人们心目中的社会地位下降了。在政治或宗教领导人那里，这种地位的下降可以通过取得显著成功的成就加以抵消，而技术领导在这方面却比较不幸。因为在技术计划之下，正常的成功被公认为是理所当然的，如果严格遵循计划，很少有机会获得未曾意料的超乎寻常的成功。因此，对于技术领导者来说，不低于期望中的成功标准比超过标准更为重要。

虽然技术领导者也是一位社会领导者，但检验其成败与否，

主要考虑的是他的知识，其次才是他的社会领导能力，因为那些
41 为了获取工艺成就而选择并组织起来的群体成员，都被认为是
愿意并且在技艺上能够做技术领导者要求他们去做的事情的，而他自己的技巧技能根本未被考虑。因此，他的知识虽然仍像那些技师那样是个人的，却是与他的其他个人特征相分离的，他的知识成分与结构直接依赖于他的社会角色。

首先，这种知识应该是一种**确定**的知识。它只包括已被证明为真理的东西；它没有为需要进一步检验的假说留有余地，因为可能存在的错误为群体行动的失败提供了可能性。同时，它必须是一种归纳性知识，建立在对个别经验材料的概括之上。如何才能把已证明为真理的确定性依附于归纳概括？方法是把知识的范围限定在已经检验过的材料中；在实践中，这意味着禁止把知识应用到那些似乎与知识已应用于其上的材料不同的材料上。技术领导者必须对新材料抱怀疑态度。比如，假定他拥有建立在经验和观察基础之上的关于某一类物品——木头、石头、金属——之特性的知识，并且这些知识已被证明对他的群体正在从事的任务是有用的，如果提供给他特性有点不同的其他材料，他应该表示怀疑，只是在经过一系列的试验，表明这一特性上的差别与这一物品将要起的作用无关时，他的怀疑才能消
42 除。当然，他不会去关心确定性与高概率之间严格的逻辑区别；
对于他来说，如果在技术观察过程中还没有发现例外，归纳概括

就是确定的。当他对理论研究进行归纳概括时，尤其在现代，他只是仔细地挑选那些暂时不会产生任何新理论的问题。

更进一步说，技术领导者的知识还必须是一种能做出预见的知识，正如奥古斯特·孔德的著名声明："理解是为了预言，预言是为了行动。"这意味着他必须知道变化过程之间的因果关系。比如，对于某种物品，按照一定的工艺方法对其施加一定的手段，他应当能够预见，这一物品将会出现什么变化。但是，只有当因果过程是可重复的时，因果关系才可以预见；而只有当事件每一次出现的条件类似时，因果过程才是可重复的。当然，就实际目的而言，过程近似重复，条件大致类似就够了（虽然行动计划越精密详尽，近似程度越高）。尽管如此，技术领导者仍面临一个根本性的困难。因为，只有在工艺活动进行过程中出现新情境时，才需要他的指导，这暗示，人们认识到过程之间因 43
果关系出现的条件，已不同于过去认识到的条件。要么，过去一直是某种变化之原因的技术过程，在新的条件下不能重新产生；要么，结果一定受到了其他因素的干扰。如果想使因果联系过程重复出现，技术领导者必须人工地重新产生那种条件，其办法是，要么引入实现原因所需要的任何变化了的条件，要么抵消干扰结果之实现的因素，要么两者兼而有之。对于每一个实现最终目标所必需的因果联系，都必须这么做。但是，各种准备性的和辅助性的行动（每一种行动都需要一定的因果关系知识），预先假定不包括在通常的工艺执行过程中。

结果，技术领导者的个人知识总和，不能提炼成任何理论的专门的“真理”系统，而且只与抽象的、孤立的那部分理论有关。它必须是一套混杂的知识，①完全按照集团任务组织起来。这一知识的核心由那些他直接用于所有计划的“真理”构成。建桥的民用工程师，必定具备在无论何种条件下计划建造一座桥所必需的物理与化学知识。

44 然而，大部分物理与化学知识对他是无用的，除非是在可能性很小，以至于从实用目的来说，这种可能性可以忽略不计的情况下。但是，他必须具有地质学、地理学和气象学方面的知识，以便考虑建桥时要遇到的自然条件；同时，他还必须懂一点经济学、社会学和心理学，以便充分利用积极因素，消除不利因素，这些因素在人的文化生活中都有其根源。所有这些庞杂的边缘知识，虽然比那些构成建桥计划的知识较少精确性，但能使他统摄已经明确界定的分类材料，并在实际中以足够高的概率做出预见：如果没有他或其代理人的干预将会产生什么后果。

总之，在每一次诊断中，技术领导者都要将他在复杂情境中所面临的新的和不确定的东西，归入那些关于事物与过程的老旧的、确定的真理在实用上安全的组合体中去。

---

① 我们发现，这一要求在美国“工业巨头”诸如安德鲁·卡内基、约翰·D. 洛克菲勒和J. 皮尔庞特·摩根的传记中找到了例证。

然而事实上，许多世纪以来，总有一些技术领导者超出了社会圈子的要求与期望，他们依靠自己的创造性，没有对社会需求做出反应，而是从事于要冒极大风险的新的集体任务，尽管他们的计划在现存知识中缺乏足够可靠的基础。这种人必须拥有极大的权力或声望，才能形成群体去实现那些任务，在万一初次失败后仍能保住他们的社会角色。总的来说，这些人要么是一国 45
之统治者，要么较经常地是那些统治者为了专门的目的而把权力下放给他们的人。自古埃及和巴比伦时代以来，建筑、军事与民用工程、开矿、航海方面的成就，大部分要归功于这一批人。近来，虽然这些领域的最重要、最新颖的事业仍主要归功于政府的鼓励，但在集团工业生产领域，集团的技术任务中最大胆冒险的事业，主要得到了由“工业巨子”所操纵的经济力量的支持。

已经在计划中，但没有完整确定的理论基础的集体任务，可能以两种方式完成。第一种方式，技术领导者在计划中使用未经检验的假说，一旦通过试验发现这些假说“失灵”，假说的应用出现了未曾预料的结果，就立即改变他的计划。当然，在集体事业中，这是一种奢侈浪费的方法，并且最后的结果肯定不同于最初的设想。然而，这不一定意味着，不按照成就与目标之间的一致性标准，而按照某些外来的效用标准去判断，一定总是无价值的；它有可能被证明为与最初设想的结果一样具有价值，或者甚至价值更大。于是，就被认为是成功的了。第二种方式，在计

划执行之前，先通过观察与实验确定未经检验的假说的有效性，
46 如果对于减少冒险有利，就修正假说。技术领导者可能亲自做这项工作；然而，如果他主要是一位社会领导者，对他来说知识只是控制群体活动的工具，或者对他来说，这项任务艰巨复杂，他无法获取所需的知识，那么他就委托给下属专门人员——专家去做这项工作。

技术专家

在技术专家这一社会角色那里，知识完全与其实际应用相脱离。他们不仅无缘作为手工艺人或工艺领导者参加最后的计划执行过程，而且没有责任去决定应该执行哪些工艺活动。这一决定由技术领导者做出，专家所要做的事情就是在决策之前为技术领导者提供他所缺的专门知识。所需知识的特性与数量，与社会圈子认为并相信他应该知道的知识相关；但无论如何，他如何使用专家们的知识来弥补自己的不足，则只由他一人决定。通常有这样的情况，专家获取领导的信任，因而部分参与计划过程；这意味着他们已不只是专家，他们也参与了领导，即使未获官方承认。

47 几个世纪以来，国王、战场军官、高等牧师、管理者、法官、立法者、经济企业家，一直不是要专家向他们提供应该干什么的咨

询,而是要他们收集并提供有关某些专门的,至今不太了解但贯穿在整个实际情境之中的材料的可靠知识,或有关某些预料之中的,但没有试验过的新过程之结果的可靠知识。在人口、公共卫生、气象、地理、地质、农业、采掘、工业和财政中曾经有过占星家、占卜者、相命者和国务专家。在现代战争中,大批专家被雇用,他们几乎来自每一个科学领域。当某一群体的领导者只具有很少的技术知识时(政治领导人尤其如此,他没有受过技术领导方面的训练,而只是一位社会领导者),几乎所有为集体任务所必需的信息,必须由专家收集。但是,正是领导者,掌握权力的人(或掌握权力的群体),才能强迫规定专家所要解决的理论问题。即使专家主动研究事实,并把结果与掌权的人交流,他们也必须选择能使后者感兴趣的问题。这对专家的研究施加了一定的限制。无论这些研究将增加国库收入、遏制流行病、提高农业水平、筹划一场战争、建造一条铁路还是生产更快的飞机, 48
研究的结果都是预先知道的,并且与领导者所期望的实际任务相关。所研究的事实也已规定好了,这些事实被假定与当时的情境有一定的关系(这种关系可能是领导者所希望或不希望的),并对正在计划的活动的结果有一定的影响。问题是要用观察检验第一类假定,用实验检验第二类假定,并找出它的可依赖之处,或者,如果有可供选择的假定,那么就要找出这两种假定中何者是可依赖的。就事实而言,不需要与正在考虑的任务之实际意义无关的新假说,新的问题显然更不需要。

专家所需要的知识种类是预先被确定了的,这在统计专家中表现得最明显。在简单枚举法中,可以认为被枚举的每一个材料的性质是已知的,因为只有材料中那些已经被发现具有实际意义的特征,才在定义中加以考虑。统计专家所要发现的就是在领导者的活动范围内这些材料的频率分布(例如,国内各种大大小小的收入之频率分布),并考虑到这一频率分布与当时的实际情境(如补充财政)有关。在寻求统计相关性时,有一个假设,那就是某一系列的材料在因果关系上依赖于另一系列的材料;专家的工作就是研究这种依赖是否足够频繁,以至于可
49 以通过从数量上修正第二个系列来在数量上影响第一个系列,比如采取禁止酒精出售或推广化肥以提高粮食产量的方法,控制犯罪,减缓贫困,控制卖淫,等等。当专家的任务就是获得属于现实情境的知识时,他的领域就被限制在一定的时间与空间之内;他只得研究此时此地重要的事实,而不能不顾现实条件去通过比较方法来达到一种有效的概括。

然而,如果专家的任务包括**技术实验**(technological experimentation),情况就不同了。技术实验在于较小规模地(或在几种情形下)检验大规模地(或在许多情形下)展开的行动的结果。此时专家的问题一开始就受到限制,因为他要搞清楚,某类行动是否以及在什么条件下会产生领导者的临时计划中所

预期的那类结果。因此,医学专家在实验中把某些卫生保健措施运用于若干动物机体,目的是使动物免于某种流行病的感染,通过这样一个过程检验了下列假说:如果政府当局对所有居民采取上述措施,就能阻止疾病在全国范围内扩散。农业专家在一个实验站里进行作物轮植或施用化肥的实验,以便发现这些措施(如果在农民中普及推广)是否会提高农业生产率。化学 50
专家在实验室中用某种染料给某些纺织品染色,然后使这些已着色的纺织品去经受阳光、水等因素的影响,以便预先检验大批量使用这种染料的结果。这种实验工作预先假定,专家所使用的因果过程是已知的,其结果可以以假说的形式从先前的经验推导出来,但是假说缺乏确定性或精确度,而后者是成功的计划所必需的。专家不会创造任何新的知识;他只是完善现有的知识。

但是,专家的任务还不止于此。如果他发现某类已计划的行动将不可能产生预期的结果,他就可能被要求去设计一种较成功的行动;或者,如果他通过实验发现,一个原先未曾预见的因素将对达到领导者的目标构成干扰,他就可能被期待找到一个抵消这一因素的方法。总之,他的社会功能可能包括**发明**工艺行动之**可供选择的模式**,对于目标的最终实现,它比领导者的临时计划所预见的行动模式更有效。有时候人们甚至期望他具备更旺盛的创造力。对于最终目的的实现,技术领导者甚至可能在实现他的最终结果所必需的一些特殊的、部分的结果的可行方式方面，缺乏假说性知识。没有这些知识，他的计划不仅是尝试性的，必定也是不完全的。因而就需要专家发明某些至今未知的方法，以便完善并有效地实现领导者的计划。为了做到
51 这一点，他必须不断地对新的和旧的假说进行各种组合，并在实验中将其应用于特定的问题，直到他找到了一种“有用”的组合，也就是说，直到他发明出一种肯定能产生预期结果的工艺行动模式为止。

我们说的是发明一种新的工艺行动模式，而不是新的工艺对象或工艺过程。通常的“发明”概念，用于大众思维、法律规范（如对专利授予的管理），甚至理论中，都武断地将对象或过程同总的工艺系统隔离开来，而在总的工艺系统中，对象或过程是其中的要素，也只有它们才具有实际的意义。① 这种方式使得把发明作为动态文化现象进行比较的科学分析成为不可能，因而它必定被人们抛弃；正如现代民族老专家，他们正在抛弃人种博物馆对低等民族之技艺工具所做的收集与分类的方法，因为这些方法没有涉及这些工具在实际使用时如何与那些低等民族的其他文化价值相互联系在一起这一问题。

---

① 这类方法必然会被用于对“发明”的数量增长与扩散所进行的统计研究之中。我们无意贬低这种研究；只不过必须清楚地知道，他们并没有把发明作为文化现象加以研究，而只是把发明当作工艺活动（在一定的集体中把发明公认为新的工艺价值）的产物加以研究。

事实是，所发明的每一个工艺对象或过程是一种必须与两个动态的行动系统联系看待的工艺价值（technical value）。一方面，它是发明者的创造性工艺行动的产物，发明者以一种新的方式（如物品、工具和标准化过程）选择并使用已经存在的某些价值，从而赋予这些价值以新的实际意义（这可以通过，比如说，社会对这些价值日益增长的需求表现出来——如果发明得到传播）。在这一行动过程中，必须调整物品、工具和过程，以适应发明者想要产生的新价值，而新价值也必定逐渐被修正以适应前者的需要。为了生产出发明者最初生产出的那一类价值中的其他价值，工艺专家们只好“模仿”他的创造性行动，应用他所发明的行动模式，虽然最终这一模式会得到改善，经过第二次的发明修正而变得更有效。 52

另一方面，这一新价值如果得到使用（只要它藏而不用，除了发明者的独创性之外，它就不再有实际意义了），它就会被整合到其他动态系统中去，因而就有人选择它作为另一行动的一个元素。后一行动可能也是工艺性的，如用一种新的建筑材料建造一间房子，用一架新的农业器具耕田，通过一种新的化学过程来印染纺织品。但后一种行动也可能是某些其他种类的行动：吃一种新的食品，穿一件新式的衣服；而一辆汽车可用于多种不同的行动，从用于经常驱车上教堂到驱车抢劫，从救护人的 53
生命（用药和外科手术）到把生命送往战场。

一个使用新发明产物的行动，不可能严格遵循旧的模式：它必须偏离旧的模式，哪怕偏离程度很小；因此它在一定程度上显示出创造力，因为此行动中的其他价值必须适应新的价值。这种适应变化范围较宽。例如，在引进一种新的防腐食物时，食物消费模式几乎不怎么需要创新。而用混凝土代替砖或石块建造房子，就必须设计出新的工具，变换工艺过程，作为产品的房子也需要重新计划。只有对传统行动模式做重大修正，有时甚至是引入史无前例的模式时，才有可能实现从人驱动工具到蒸汽驱动机器的转变。汽车广泛多样的使用意味着，它是一种重要的多样化的社会经济行动模式，是共同体生活的基础，因此它甚至使共同体的整个传统结构发生革命。

现在回到技术专家的社会功能上来，我们发现，当需要他做出一个发明时，他的问题就已经确定了，因为技术领导者计划把他的发明行动的产物投入使用。这一产物被预先规定了，它是实现领导者“目标”的必要“工具”；由于领导者有一
54 个明确的情境去应付，并知道自己要达到什么目的，因此从领导者角度来看，专家的发明以满足他的需要为限，不必有更进一步的创新。

因此，工业领导者让专家发明最有效的方法，生产他认为肯定能找到市场的商品，而不欢迎这样一种发明：如果不摧毁工厂中的所有旧机械、订购新机械，就无法使用这一发明；或

者不欢迎这样一种发明：制造一种未知商品（不是领导者所设想的那种），这一商品还没有找到市场，因而要冒极大的风险与代价。拥有实验室进行技术实验的现代“工业巨子”，把专家发明中极具创造性与重要性的部分（使用这些发明，就得扰动企业的技术与经济结构）藏起来，保守秘密，担心更大胆的竞争对手采用它们。他们的所作所为，完全与传统的专家功能依赖于技术领导者的需求这一模式相一致。

自主的发明家

然而，创造性的技术实验，并不完全或者甚至主要不是由那些为满足领导者的需要而工作的专家们进行的。几个世纪以来，沉迷于创造性活动的包括，执行各种职业角色，但把主要精力放在寻求未曾试验过的工艺方式上的人们；利用闲暇时间检查未来领导工作中的新的可能性的领导者；早已越出了由领导 55
者的现实需要所决定的常规功能范围，而力图发明新的工艺行动模式，并希望社会最终会产生发明需求的专家们；甚至还有一些富裕的业余爱好者们。① 从古至今，大批发明家名留史册，例

① 对于业余爱好者对发明的影响，马西·奥恩斯坦（Marthe Ornstein）做了很好的描述，见《十七世纪科学界的作用》（*The Role of Scientific Society in the Seventeenth Century*, Chicago, 1938），第 54 页及以后。

如：泰勒斯、亚历山大的希罗、阿基米德、盖仑、罗吉尔·培根、巴拉塞尔士、乔万尼·德·拉·丰塔纳、温彻斯特的马奎斯、詹姆斯·瓦特、爱迪生。对过去的历史做一有意义的间接窥视，加上来自现代的直接材料，使我们得出结论，鲜为人知或即刻被忘却的独立发明家的数目，比那些有幸想出了他们的广泛社会环境所愿采纳的新模式，并因此名留史册的发明家的数目要大得多。

一个引人注目的问题是，直到 19 世纪后半叶，自主“发明家”作为一个常规的社会角色，只在发明家内部得到承认，而没有被任何一个社会圈子承认，甚至现在，这类角色也只在技术研究机构里才有。为了理解这种现象，我们必须记住，虽然发明起源于对社会需求做出的响应，但在所有保守的社会里，发明被认为是危险的，它危及现有的社会秩序，不论这些发明是巫术的、
56 宗教的、社会的还是经济的。只有当既定秩序已经受到干扰，比如体制化的职业模式不再起作用时，才确实需要发明来对付这一干扰：这就是早期的顾问和后期的技术领导者所要做的工作，他们在如此处境中的冒险，对于避免若非如此也会出现的恶果是必需的。但是我们看到，即使是技术领导者，也不一定要去冒不必要的风险；如果他去冒险，那是因为他有社会地位作为基础，或者有至高无上的社会领导者保护他；当他去冒险时，他利用专家预先进行研究与实验，并且只将其应用于规定的任务，从而大大减少了危险。然而在复杂的和不断变迁的文明中，这种

职业领域中的扰动成倍增长，技术领导和专家工作的增加，逐渐解除了传统上在工艺范畴内对创新的禁止。但允许零星的个体或多或少自由地玩弄各种各样的新工艺，距离社会把未经检验的发明作为与确定的社会状况相联系的一种社会期望的功能而给予积极的承认还差很远。

我们有意使用“玩弄”这个词，因为过去的发明家似乎不被看作危险分子，因此获得了自由。从中世纪晚期一直到17世纪，对所有人类生活重要领域的干预和威胁——宗教、政治、战争、医学、农业、商业、手工业——的发明，都很容易使发明家被 57
控告为使用巫术；相反，那些似乎只是设计精巧的、用于消磨时光的娱乐工具的发明，可以免受控告，并被人们用来玩乐，正如广为流传的书刊所描绘的。这就是为什么在中国，人类生活与文化被当作唯一神圣的世界秩序中的重大组成部分，而许多本质上类似于那些最终使西方技术产生革命的发明，几百年来一直处于玩具的地位。即使在希腊罗马世界，发明家的大部分天才也用在了玩具上。亚历山大的希罗在他的《气体学》(*Pneumatics*)中，除了用于庙堂或战场的机械装置，还列举了一系列完全是玩具性质的机械装置，诸如会唱歌的鸟、会喝酒的动物、奇异的花瓶。

显然，独立自主的发明家在自己领域的主要兴趣是技术方面的，而不是社会方面的；他着迷于每一个实验过程，创造新的工艺模式,正如艺术家着迷于艺术一样。自主的发明家很少致力于任何一个明确的职业领域——除非领域非常宽广,能提供无限的新的可能性,比如现代医学,包括外科与药理学。他通常跨越许多领域,没有在职业之间设置社会界限,不为社会对有效的工艺行动(可以满足现存需要)的需求所妨碍。然而,这并不意味着,他在生活中就不考虑社会了。他的确很想执行一个公认的社会角色,找到或形成一个以他为中心的、欣赏他的个人价值的社会圈子,他要求拥有社会地位,包括经济地位(除非这一地位本来就不牢靠);最主要的是,他希望他自愿承担的功能被
58 社会承认,他本来不被人们需要的发明能被其他人使用,他本来没有受到咨询的技术指导能被其他人遵循。

有几个因素决定着发明家的创造性能否为他的社会环境所接受。如果某一发明解决的是发明家原创性的问题,而不是一个在标准化职业活动过程中产生的问题,那么,这一发明几乎不可能马上获得一种实际可用的形式:在它的应用得到工艺专家(他用已确立的工艺模式之效能标准去衡量它)承认之前,或者甚至在得到技术领导者(他关心的是使集团活动达到预先确定的结果)确认之前,还需要做出许多辅助性与补充性的发明。蒸汽机、火车、汽车和各种航空飞行器的发明史是为人熟知的例证。这里需要的是发明家的洞察力,他应该能在工艺专家还没有准备将某一发明应用于实际之时就认识到发明的可能性,还

应该能认识到与哪些（已经做出或正在做出的）发明相配合才能使这一发明得到充分使用。

孤单的发明家是一个相当孤立无援、悲喜剧式的人物：在他的新设计中，只有不多的几个能纳入现存的工艺模式，并被人们接受；大部分发明仅仅被看作新奇的事物，通常在他死后即被人们忘却。而他关于发明新的方法控制自然界的伟大梦想，被 59
一些严肃审慎的人轻蔑地一笑置之。只有在发明家成倍增多的社会中，他们才可以通过公开的结果获知彼此的活动情况，通过建立个人联系，或者以出版物为中介，使过去的发明结果可以用作新技术创新的资料。不完整或不完善的发明开始变得完整或完善起来了；不同工艺流程的发明在一个新的综合中联结起来了；某一发明家未注意到的新的可能性，被其他人发现或认识到了；对于直接应用来说显得过分不明确的观点，逐渐加以发展，变得具体和实在了；直到最初作为玩具的发明变成了迄今未被知晓和利用的生产模型，闲暇娱乐变成了严肃的职业，大胆的梦想成为惊人的现实。由于越来越多的新发明整合到职业角色之中，因此工艺模式的日益多样化和相互依赖在发挥职业功能过程中也就产生了越来越多的新问题。结果，对技术专家的需求日益广泛并且持续不断，技术专家中间似乎出现了越来越多的发明家；这反过来导致用于工艺的发明成倍增加且多样化，如此等等。

然而必须注意到，即使在某一社会中有许多发明家，也并不
60 总是保证发明能通过相互激励而发展。许多发明家向可能的竞争者保守秘密，或者担心自己的地位受损，或者（在近代）由于强有力的雇主、公众或私人的控制而被迫这么做。即使某一发明最终已十分完善并且可以投入实际应用，社会力量也仍然会抵制应用进程——这些社会力量包括工艺专家的保守主义，他们不喜欢抛弃或修正传统模式；包括一批反对者，他们担心采用新发明会损害他们的经济地位，或者干扰了现有的对他们的功能需求；还有相当一部分人采取消极被动的抵抗态度，他们认为发明是有益的，但不希望他们熟知的生活方式受到任何“新奇的”工具的干扰。

然而，就发明家之间非正式合作的增加而言，它把一定的秩序带入了每个个体发明家在其活动中所使用的，最初没有连接在一起的知识之中。而每一项发明代表了许多不同旧的或新的理论概括的应用，每一个理论概括可用于许多各不相同的发明之中。当多个发明相互杂交、相互补充时，似乎出现了关于某一部分现实的共同理论知识，为了参与日益增加的对这部分现实的技术控制，每一位发明家都必须共享这种知识。远古时代的医学和力学，18 世纪以来的畜牧业和农业就是很好的例子。

在技术专家的（按实际问题组织起来的）理论知识与学者及其后的科学探索者的（按逻辑组织起来，没有参照实际应用

的）理论知识之间，已经出现了相互影响。这主要归功于下列事实：随着技术教育的发展，一些发明家成为学校中的教师——医学的、工程的、农业的，等等；一些教师也成了发明者； 61
而近来，科学研究机构已把发明家与理论研究组织在一个群体之内。结果，理论科学家采用了技术专家设计的实验，用作发现并检验真理的一种方法，而技术专家则吸收按逻辑组织起来的理论科学体系，并紧跟科学的发展趋势，以便在技术进步的特定阶段上，为了发明的目的，利用这些理论科学体系中能够加以利用的部分。①

毫无疑问，在文化进化的历史时期，尤其是最近三百年来，在工艺性的控制自然现实方面所取得的进步，应主要归功于技术领导者、专家和自主发明家之间的合作，他们的功能在于创造为制订将由工艺专家去执行的计划所需要的知识，并发明由工艺专家去模仿的新的模式。在参加职业工作的过程中，许多创新肯定是由或正在由熟练的工艺专家做出的；但是，这些创新只是停留在能被工艺专家直接认识到这一可能性的范围之内，它 62
只是对已经制订的计划加以完善，或对已经发明的模式加以改进，而不参与制订新的计划或发明新的模式——除非一位技术

① 关于发明家与理论研究者之间的这一新的关系，参见弗莱明（Fleming）和皮尔斯（Pearce）：《工业中的研究》（*Research in Industry*, London，1922），第 151 页及以下。

专家捕捉住了这一创新,并超出它原先的范围去进一步开发它。

许多现代思想家,在考察并羡慕技术在研究无机界与有机界方面所取得的进步之余,表达了一种惊讶之感:至今人们还未取得对文化现象,尤其是社会现象的类似的控制;社会科学家经常由于失败而受到谴责。甚至在社会科学家中间,也有某些人发出谴责之声并宣称:社会科学应该创造出一种有计划、有效地影响他们正在研究的现象的方式,以证明自己的有用性。的确,似乎有理由认为,社会科学家应对他们领域中缺乏技术负有责任,他们领域中的这种情形正与相距较远的工程、医学领域构成对照。我们相信,对这种差别的解释,应从过去几乎全部社会科学家所从事的、现在大多数社会科学家仍在从事的各种具体角色中求得。但是,这些角色同其他各种社会角色一样,最初产生于某些圈子在具有社会实用性的知识上对某些人的特殊要
63 求,而后者一直努力去满足这些要求。最近一个半世纪中,一些研究文化现象的科学家,脱离了这一传统的模式,开始形成一套独立于实际社会目的的理论知识,期待着终有一天会出现新型的技术专家,把他们的研究结果应用于社会实践。那些要求这些科学家用他们的知识服务于社会目标与理想从而使自己变得有用的人,可能没有认识到,他们是在要求“社会科学家”这一特定模式的永久化。迄今为止,这种模式一直阻碍了真正有用的社会技术的发展。

常识性知识

虽然技术专家的知识来自职业专家的工艺知识,研究文化现象的科学家的知识却源自有关语言、宗教、巫术、经济过程、习惯、社会风俗、人及群体的一套非专业化信息,这些东西是既定社会中的个体想扮演好社会成员这一角色所应该具备的。当然,并不要求每个人在这一普遍的共同领域具有相同的知识:年轻人大概比老年人懂得少些;社会领导者和统治者应该比普通人拥有更广泛而深刻的知识。但是,它的最基本部分,被认为是参加正常的集体生活所必不可少的,必定为所有人所共有;一 64
个不具备这一基本知识的人,除非是一个孩子或一位陌生人,否则就是愚人,在任何情况下都不适于参加集体生活。同时,不能对这一基本知识的有效性持不同意见:任何怀疑这里面的任何一部分知识的人,都是在精神或道德上发生了错乱。这一部分基本知识就是**常识**,它指的是现存文化秩序设定的基础,因而显然是确定的。常识包含的每一个明确或不明确的概括,都与文化行为的一些规则相联结。词汇和语法的知识构成了文化交流规则的基础;流行的宗教和巫术知识与礼仪和禁忌交织在一起,要求人们在日常生活过程中遵守它;经济常识暗含在对物品的分配与消费的调节之中(不同于生产中的专门化工艺模式);心理学和社会学常识构成了社会关系、个人角色与群体组织的规范的基础。“民族的智慧”这一格言清晰地表达了这种关系。

只要文化秩序背后有一个共同的群体权威，尤其是如果这种权威获得宗教的认可支持，表明文化秩序是一个神圣的秩序，那么，文化秩序所包含的规范必定是有效的。个体对秩序的任何偏离都只能加强秩序的有效性，因为任何偏离行为都被视为对超个人标准的反抗而遭受制裁，从而使社会更加意识到这些标准的重
65 要性。因而，与这些规范相联系的概括**必定是真的**：在常识中，“例外适足证明法规的普遍性”，因为特例使共同的反应表现得更明显。

以古老的常识性“真理”——女人低男人一等——为例。在任何一个社会，女人从属于男人都是社会秩序之规范的一部分，因此上述“真理”是不能怀疑的，因为怀疑它就意味着对两性之间的所有社会关系模式提出了疑问。特例只会证实上述“真理”，因为任何男人——比方说一位怕老婆的丈夫——从属于女人的关系，都被认为是不正常的。这一普遍结论容易与强调低级阶层——比方说与贵族形成对比的恶棍——天生低人一等这一观点共存。因为高级阶层的女人简直根本不与低级阶层的男人相比较。社会没有必要进行这种比较，因为低级阶层的男人在社会上从属于高级阶层的男人；如果偶尔由贵族妇女统治恶棍，那么她是作为男人的代表出现的，比如男人不在、死了或未成年。

这些对个人之“优越”或“下贱”的判断是评价性的，价值判

断构成了所有常识性知识的核心；因为总有一个价值判断直接包含于一个行为规则之中。描述性判断和解释性判断在大部分情况中具有辅助意义。比如，历史描述向我们显示民族英雄与统治 66
者的善良与伟大。暗含于谨慎熟虑规则之中的经济评价，得到了对经济事实所做的描述与解释的支持。通常应用于人类个体的心理学概念，也是评价性的，或是肯定的，或是否定的，如“聪明的”“愚昧的”“精明的”“愚蠢的”“勇敢的”“怯懦的”“坚韧的”“顽固的”“自豪的”“自卑的”“自负的”“谦逊的”，等等。只是在解释为什么某一个体“成为这个样子”时，所用的陈述是非评价性的。

因此，与工艺知识一样，常识性知识也与实际利益相关，然而两者仍有根本性差别。文化秩序是不可亵渎的，因而它不可能与自然秩序一样，触发实际控制方面的问题。一般假定个体无力改变文化秩序，甚至不认为他想改变它；他可能面临的唯一问题是他的个性如何适应这些秩序。这种情况不仅对于一个稳定社会中的普通成员是这样，对于统治者和主人（无论世俗的还是宗教的）也是这样。他必须与其他人一样使自己适应于现有的牢固结合的规范系统；他的功能就在于维持这些系统，抵制一切干扰，无论干扰是来自个体反抗者、外国入侵者、邪恶的精神，还是来自自然力量。每一个人，在他长大并逐步适应的过程中，在他的参与和亲身经历中懂得了所有他应该懂得的关于文化秩序的东西。如果在某些时候，他必须获得关于与他的集体

67 生活无关的事实的知识,而对此他没有从他的个人参与中获得第一手知识,那么他就只好向拥有这种知识的人请教。

某一社会的常识性知识变得成问题的唯一可能是,作为此种知识之基础的文化秩序遭遇了集体反对。我们说"集体反对",是因为如果只是分散的个体在反对,那么他们会被社会视为不正常的,而反对本身则被认为是犯法的、有罪的,或至少是愚蠢的。具有不同文化的其他社会对"我们的"文化秩序的批评,也不会引起对"我们的"标准的有效性的怀疑;这样做的结果只会触发一种对否定"我们的"标准的任何东西实施批判的报复倾向。似乎他们的语言是智力低下的唠唠叨叨,他们的宗教是邪恶不洁的,他们的习惯是荒谬可笑的,他们的社会风俗是不合情理的,他们的艺术是丑陋的,他们的智慧是荒唐透顶的,而他们的社会结构则杂乱无章,混沌一团。

要动摇对社会秩序之显而易见的有效性,以及作为常识性知识之基础的不证自明的真理的信仰,就必须在社会内部形成一股反对力量,当然,要形成反对力量,前提通常是与外部社会进行文化接触。① 反对者用以取代旧文化模式的新文化模式,

① 巴恩斯和贝克尔在其著名的《从经验知识到科学的社会思想》(*Social Thought From Lore to Science*, Boston, 1937—1938)中,尤其在第一卷,强调了不同社会之间的文化接触,文化接触克服了社会隔绝与知识隔绝,因而是内部文化冲突和对社会秩序之批评性反思的主要因素。这是对社会思想的起源与进化所做的第一项连贯一致而包罗万象的历史社会学研究。

很少完全由反对者们自己创造：大多数情况下，是由个体对已 68
经存在于其他社会的模式进行再创造(加进一些新变化)而产生。归国旅游者、商人、流浪者、移民可能引进“国外的”行为标准和行为规范；在有文字的社会，它们有时候以书籍和杂志的形式，通过间接交流传入。有时候，承载着不同文化的群体相互重叠交错也会形成新的文化模式，如入侵、边境的逐渐渗透、共同参与一个其成员来自不同社会的大群体(如国际教会或阶级组织)。

但是无论如何，接受与现有文化秩序相冲突的外来模式，或者接受由社会成员原创的新模式(较不经常)，都不能引起集体反对，除非原先至少潜藏着一种反抗，并或多或少分散于社会的某一部分。它可能是年轻人造反①——具有某些教育类型的社会中的常见现象——或阶级造反，或群体造反，这些群体是社会的一部分，但在功能上不太与社会相融洽。然而，详细研究所有这些多变的复杂过程，将远远超出本书的范围。

当某一社会内形成两个对立的群体或党派，其中一方想改
变传统文化秩序(或其中某一部分)，另一方却想维持这种秩序 69
时，思考这一至今不仅不必要而且不是人们所期望的秩序的本质与基础就成为两派拥护者——“革新派”与“保守派”——的

① 兹纳涅茨基：《社会行动》(*Social Actions*, New York, 1936)，第十三章“造反”。

责任。知识可以成为社会斗争的武器，在一个我们所讨论的情境中，当反对或支持社会规则的行动方面的社会趋势居先，并限定着对这些规则的理论基础的反思时，相互敌对的两派不可能通过知识上的论证劝服对方改变这些社会趋势。然而这种论证有双重作用。

首先，这些论证加强了每一派拥护者的信念，即相信他们自己所代表的社会趋势是“正确的”，而对方所代表的社会趋势是“错误的”；这样一种信念是一种真正的社会力量。对于现有秩序的支持者来说，这并不那么重要，因为他们拥有关于合法性的全部传统标准，至今一直被社会所承认，不必由新的论证使他们相信自己是正确的。相反，这一秩序的反对者必须找到一些可以信仰的新的合法性标准，因为只有那时，在他们自己的眼光里，他们才不再处于仅仅发泄主观不满的造反分子的位置，而成了为客观上合法的“原因”而斗争的战士。因此，在革新派中间，对文化秩序的本质与基础进行了批评性的反思，而保守派却不太“理性”，他们主要只是对对方的论证做出反应，以将其维
70 护传统秩序的辩词合理化。“复古分子”则不同，比如迈斯特尔（Joseph de Maistre）①，他们希望回复到已经丧失社会合法性的陈旧主张的文化秩序中去。

① 迈斯特尔（1753.4.1—1821.2.26）：法国作家。在法国大革命后，成为保守传统的重要倡导者，坚持君主和教皇的专制统治，反对科学的进步，反对自由主义。——译注

知识作为一种社会武器还有第二个优点，即用它可以从那些还没有决定或者对斗争没有直接兴趣的人当中获得拥护者，或者至少是获得同情的中立；如果后者的感情中立持续足够长的时间，知识可能有助于使年轻人“转变”。当然，对于每一方来说，为了把人们的行动趋势引导到自己一方，都必须做出呼吁；而知识是进行这种呼吁的有效工具。

然而，从双方的观点看，思考文化秩序这一责任是危险的，因为传统秩序的反对者希望通过证明作为文化秩序之基础的常识性知识是无效的，从而从智力上破坏秩序的基石；而传统文化秩序的维护者则希望通过证明常识性知识本质上是真实的，从而在智力上加强这些秩序。那些没有特别准备的普通人无法令人信任他们能够独立担负上述责任，因为他们未经训练和未经引导的思维，可能使他们陷入困境：他们容易犯滑稽的判断方面的“错误”，即在争论中未能支持自己的一方，反而为他方的论证粉饰。某些智力超群、广见博闻的人必须为普通人思考，普通人的责任只是模仿他们的思维，并尽他们可能地吸收这种思维的结论。

通常，对革新派与保守派的平民来说，这种思考似乎是他 71
们的社会领导者的部分职责。这一现象仍可以在无文字社会和乡村共同体中观察到。但是，除非这种领导者-思考者把他的思考记录在案，否则关于这种思考的记忆不会存留多长时间。那些留有著作或后人将某些智力成就归于他们的领导者-思考者已名留青史。上自传奇故事《英雄文明》中的摩西和努马·庞皮利乌斯，经由历史上的领导者如汉谟拉比、阿曼贺泰普四世和梭伦（他的著作还没有鉴定清楚），下至起着两方面作用的人，如恺撒与加尔文。现代社会的某些领导人仍努力将这些功能结合起来——如孙中山、列宁、托洛茨基、墨索里尼、希特勒，以及（在另一派）不太著名的人物如保守的英国政治家。

然而，在最复杂的社会中，活跃的社会领导者通常缺乏时间、意愿或能力，在文化秩序上为他的追随者们提出理论，而由革新派或保守派中的另一些人执行这一角色，这些人被认为比其他人更有智慧，并被公认为是现实中的冲突所产生的社会问题——或更一般地——文化问题的思想指导者，可以为这一特殊类型的社会角色安上那个古老的称呼“圣哲”。

圣哲最初的地位属于他们的团体，他最初的功能在于，在智
72 力上使自己团体的集体倾向变得理性化、合法化。他的职责是用“科学”论证的方法“证明”他的团体是正确的，而对手则是错误的。比如说，如果他是一位革新者，他就要证明，传统的宗教系统或政治结构、法律与习惯、家庭生活、阶级等级、经济过程的组织、过去的艺术与文学，或是所有这些东西都是部分或完全“不好的”，如果不将其抛弃，也应加以改革；只有做出这种证明，这些系统所发生的变化或者革新者想引入的新体系才是好的，应该加以

接受。这就是基督教时期最初几个世纪中“教父”的作用，也是从彼特拉克到伊拉斯谟的人文主义者（他们的创新虽然大体上借自古代文明，但相对于既存秩序却是新的）、清教改革时期的作家与传道士、18 世纪法国政治科学家和 19 世纪社会主义作家所起的作用。在引入新的文化秩序之后，仍然会有一些来自旧秩序拥护者的公开或潜在的抵抗，圣哲的任务是“证明”新秩序相对于旧秩序的绝对优越性，从而使创新合法化。在这一意义上讲，所有人文学者甚至某些自然科学家，在俄国布尔什维克政体和德国纳粹统治的初期，都曾被迫扮演过“圣哲”的角色。 73

如果某一圣哲代表了一个保守群体，他的职责就刚好相反。他必须以“科学的”论证向人们表明，现有的文化系统及已确立的传统模式具有积极的价值，维持它们必定会有好的结果，而按照革新者的计划，推翻或改革它们必然带来罪恶和灾难。

为了发挥功能，一个圣哲应该具备他自己的社会过去和现在的所有文化中百科全书式的知识，尽其所能地具备其他文化的知识，以便通过类比和对照证明他的论点。革新的潮流很少只限于一个文化领域，而是直接或间接地扩展到各个领域。保守主义者把革新者对任何一套传统规则的集体攻击，解释为对已确立的整个文化的威胁。

比如，基督教与异教及之后的天主教与清教之间的宗教斗争，涉及习惯和风俗，涉及许多社会群体，包括国家、经济组织、文学和艺术的结构;由社会主义运动点燃的经济阶级斗争,涉及所有“资产阶级”文化;纳粹的政治复辟彻底触动了西方文明的文化标准;即使是诸如文艺复兴或浪漫主义这些主要属于艺术与文学的潮流,也有广泛的宗教、社会和经济意义。在较小规模上,同样的现象可以很容易地在传统的乡村共同体中观察到。双方的圣哲必须拥有所有必需的知识,以便在推理和事实根据的基础上,攻击或维护各方在任何文化领域的评价标准与行为标准。

74 在圣哲的方法中,他必须让所有真理与谬误问题纳入正确与错误的问题。他的思考受两个基本假设引导:正确的东西以真理为基础;错误的东西以谬误为基础。对于一个隶属于某一正处于斗争之中的群体的圣哲来说,“正确的”东西就是他的群体所希望的东西;“错误的”东西就是反对他的其他群体所希望的东西。他的方法在于表明,他自己的“正确”标准包含了什么样的一般真理,他对手的“错误”标准包含了什么样的一般谬误,并引证事实,证明他的判断的有效性。当然,这些事实肯定会证实他们的主张:因为那肯定是先验的。所有要做的事就是恰当地选择事实,并按照大前提对这些事实加以说明。因为这类推理不可还原为矛盾律,所以,他用肯定性经验证据支持他自己的真理,用否定性经验证据使对手的谬误显露出来。

毫无疑问，当他执行这样的任务时，他只能使自己及其皈依者心满意足，因为在大量七零八落的文化资料中，总能找到事实，在对它进行“恰当的”说明以后，能证明他接受为真的概括就是真的，而他斥之为假的东西就是假的。但是，由于圣哲另一方面的活动使他的任务变得复杂起来，他试图从先前的“真理”（已被事实证实）和以后的“谬误”（已被事实所否证）中推 75
演出他的标准的正确性与他的标准的错误性。如果他的群体掌权，他的对手只好沉默。历史上还从来没有像处于现在的德国与俄国的政体之下的如此彻底和一贯的沉默。但是，如果有一定的讨论自由，圣哲必定会用辩证法证明他的对手的推理是假的；或者用事实证据表明他的对手的事实是不可靠的；或者两者兼而有之。

然而，圣哲——与技术专家一样——有时候会越出社会决定的角色范围，没有把自己限制于仅仅使他们的群体的现有趋势合法化和合理化。他们力图创造出比明确包含于现有文化秩序或其反秩序的更“高级”、更全面、更包罗万象的评价标准和行为规范。这些评价标准和行为规范成了“理想”，文化现实参照这一理想在概念上被组织到一个公理系统中去。如果圣哲是一位革新者，他的理想就是至高无上的新秩序标准，他已在概念里将这些标准预先构造完毕。同样，革新者也可以借助这些标准去判断自身的现实价值与趋势。未来的秩序将包含那些在旧秩序中没有位置的价值，满足那些至今尚未得到满足的趋势，但这些价值与趋势需在上述理想中得到确认。任何价值与趋势，一旦被革新者察觉到与理想不协调，就应该加以清除。另一方面，理想可能要求那些愿意参与新秩序的人创造出新的价值，发展出新的趋势。想加入圣·奥
76 古斯丁的“上帝之城”，就必须成为真正的基督徒。未来的共产主义社会需要在各个文化领域拥有全新的价值，工人阶级在道德上清除了流氓无产阶级(Lumpenproletariat)，以及资产阶级家长政治的被动仆人表现出来的所有缺陷，并被灌输了一种新型的团结。

在另一方，保守派圣哲从更高的评价标准与行为标准角度，认为现存秩序是令人满意的，但不认为它是这些标准的完满化身。他看出了许多缺陷，不仅有个体越轨行为，而且还有规则与规则背后的常识性知识的不一致性之间的冲突。他发现某些群体出现了不应该出现的价值与趋势，因为它们与最高标准不一致，他还发现缺少另一些应该存在的，最高标准所暗含的价值与趋势。于是，传统的秩序被规范性地批评、系统化和完善。这并不意味着圣哲希望创新，他们认为：现存秩序基本上是对的；它的缺陷只是偶然的，应归咎于人类本质的不完善。这类圣哲包括：孔夫子、色诺芬、加图、西塞罗、塞涅卡、但丁、费纳隆、布莱克斯通、迪斯累里。

少数几位圣哲甚至想跳出保守派与革新派之间的斗争，寻求一种至高无上的标准，使双方的评价与行动趋向都从属于这种标准，比如老子、苏格拉底、奥勒留（他作为圣哲的角色完全独立于作为皇帝的角色）。但是这种思想方式在以圣哲的姿态活动并转向一种理想的、标准化了的实际文化生活的学者——像柏拉图、亚里士多德、圣·托马斯、斯宾诺莎、洛克、休谟和康德——身上，比在那些不靠学派而靠宗派支持的圣哲那里体现得更明显。 77

在那些主要致力于否定性的批评，而不是进行肯定性的意识形态构造的圣哲当中，无私利性或许较为常见。无论如何，对于一个圣哲来说，有力地批评他的对手，总比"证明"自己标准的正确性与概括的真理性更容易。每个派别都对其他派别的文化从整体上进行批判；而传道书、古希腊诡辩家、犬儒学派、蒙田、拉罗什富科和尼采的著作则起到了这种双重作用。

当圣哲不仅仅使现有的集体趋势合法化和合理化，还参照某一理想从概念上使其标准化和组织化时，这一理想就取代了流行的"对"与"错"的标准，而成为真理与谬误的标准。这意味着，无论什么概括，只要包含于现有集体趋势之中，就必定是真的，而与其冲突的概括都必定是假的；无论什么事实，只要验证了现有的集体趋势，就必定是现实的，而似乎否

78 证它的，就必定是不现实的。因此，对于一个中国的圣哲来说，人类社会的价值秩序和规范秩序，如果与他的理想一致，就与宇宙的秩序相符合。① 只有那些接受并遵循价值秩序和规范秩序的人，才能理解宇宙秩序；在他们的概念里，没有独立于不仅对于文化，也对于自然的道德与政治评价的客观理论真理。在苏格拉底-柏拉图的概念框架里，善是至高无上的标准，真理必须与之一致；任何与善的观念冲突的观念都不可能为真，并且，由于经验世界只是在作为理念的可感的显现时才是现实的，因此，不符合善的观念的实在，不可能客观地存在；善以外的任何东西都是一种幻觉。对于一个基督徒圣哲来说，"害怕上帝就是智慧的开端"，爱上帝则是智慧的顶点：至善至明的上帝是所有真理与实在的源泉；而任何设定其他东西的理论判断，必定不是谬误就是谎言。在马克思主义看来，知识标准与自然条件相关，并由辩证历史过程中特定时期的社会经济结构所决定；马克思主义的正确性在于它与这一过程的最后阶段，即从资本主义到最终的共产主义的过渡时期相符合，任何与此相违背的理论都是不正确的。

显然，圣哲的角色使他不能为实际地控制文化现实构建基
79 础。他的社会职责使他所耕耘的这种知识，甚至不能像技术领

① 格兰尼特(M. Granet)：《中国的思想》("人类的进化"丛书)。

导者、专家或发明家的知识一样，经受成功或失败的实际检验。它唯一必须经受的检验就是被参与文化生活的人接受或拒斥，这种接受或拒斥，直接依赖于那些人对文化活动（圣哲的知识有助于这些活动）之评价与规范标准的态度。如果他们承认圣哲的规范标准，他们就相信他的知识是真的，因为他们希望它是真的；如果不承认，他们就相信他的知识是假的，因为他们希望它是假的。

圣哲也不能独立于实际目标去推进关于文化的理论知识，因为这需要科学客观性，而这是与他的角色不相容的。因此，随着学者和研究者所构造的客观的文化科学之缓慢而稳定的成长，圣哲的角色日益步履艰难。因为，虽然诸如社会学与经济学领域中的客观理论知识能应用于实际问题，正像物理学或生物学领域的客观理论知识正在用于实际问题一样，但前者并没有为构造或维护任何意识形态体系提供基础；它只能被用来表明，构造并接受这些意识形态体系的人，是怎样实现这一体系的。

并且，社会对于圣哲的需求并没有降低，反而是增加了。不仅具有新“极权主义”秩序的社会中的统治群体要求他们的所有科学家都是圣哲，以帮助他们证明这一秩序的正确性，而且，在民主国家中，对圣哲的需求似乎也日益增长。现代社会生活 80
极其复杂，群体林立，相互间部分重叠，每一个群体都有自己的秩序，因而，存在着各种各样的群体内、群体间的冲突，这些冲突不可能被包容在或被当作任何普遍的意识形态对立中的某些部分。① 社会生活的变化速度日益加大，从而以前所未有的增长速率使这种冲突变得复杂多样。群体与社会之间的相互依赖，使许多这样的冲突对于那些没有直接涉足冲突的人也具有了实际意义。交流的扩大与公众教育的普及，使大多数人获知，在文化的每一个领域，在世界的每一个角落，正不断地出现无数新的复杂问题，这些问题中的任何一个都可能或早或迟地对他们自己的生活产生一定影响。当然，他们无法理解这些问题或解释这些事件对于他们自身的利益、价值与规范的意义。他们感到有必要从有识之士和更广泛的信息中获取教益，因此出现了成千上万的小圣哲，他们准备借助教坛、讲台、报纸专栏、杂志、无
81 线电广播中心这些媒介工具，告诉人们应该思考文化世界中正在发生的每一件重要事情。而这些有识之士则能够从宗教上的正确或道德上的善，公平或艺术上的美，政治效率或经济用途，以及优生学或一般的人类幸福的角度，毫不迟疑地理解他们所说的东西。他们运用事实和概括（以证明这些判断）的方式表明，他们要么忽略了理论上客观、方法上精确的日益增长的知识

① 下列事实充分显示了这一点，即美国的任何意识形态群体，都无力使美国人民信服，美国的全部现状就是下列基本对立之一种或任何其他这类对立：资本主义与无产阶级、个人主义与集体主义、民主与极权主义、民族主义与国际主义、宗教与无神论、唯心主义与唯物主义。

体系，要么只是武断地摘取那些看起来适合于他们的价值论的思维方式的知识。

通常，那些已经在自然领域作为专家，或在数学、物理学或生物学领域作为理论学者和研究者获得声望的科学家，感到告知人类社会什么才是善是一件急迫的事：例如霍华德·斯考特和伯特兰·罗素。人类普遍没有能力指导文化进化，没有能力祛除带给人类苦恼的邪恶。当公众舆论倾向于认为科学家与统治者和领导者一道，部分地对此负有责任时，有许多科学家坦白承认他们的职业罪过，指责独立于实际考虑的纯粹理论科学观念，并希望“探求真理”应从属于社会理想。我们只需提一下近来按上述精神写成的两本名著，它们是贝尔纳的《科学的社会功能》和林德（Lynd）的《知识为了什 82
么》。① 初看起来，似乎文化知识领域里追求理论化的客观性的倾向——这种客观性直到最近还被认为是 19 世纪最引人注目的成就——正在遭受指责而趋于消失或削弱；于是，圣哲——其个人或学派——可能会像先前一样完全统治文化知识领域。这是一种退步，它可能完全摧毁主张科学知识的最高功能是服务于人类幸福的那些人的目标。

---

① 还有一些有意义的尝试，试图表明科学与社会生活之间“应该”有些什么联系。例如，凡勃伦的《科学在现代文明中的地位》（*The Place of Science in Modern Civilization*, New York, 1931）；赫胥黎的《科学与社会需求》（*Science and Social Needs*, New York, 1935）。

文化知识领域最初的角色分化

然而,在对文化世界的现代思考中,在旧有的圣哲模式继续发挥作用的同时出现了其他趋势。首先,与两个任务的区分(这种区分早已在逻辑上确立,但很少在现实生活中清晰地体现)一致,传统的圣哲功能通常开始分裂为两个不同的功能。围绕某些宗教的、道德的、政治的或经济的理想,构造一个价值论系统;当实现这一理想或其一部分被视为一个有计划的活动目标时,揭示如何在既定的文化条件下达到这一目标,便构成了另一个截然不同的任务。

83 第二个任务明显类似于自然领域中技术专家的任务;第一项任务却在自然科学领域中找不到对应物。因为,自从技术思维已不再把自然界看作一个“善”与“恶”的神秘力量彼此竞争统治地位的领域以来,评价标准和行为规范就与技术专家没有联系了,因为这些标准和规范不是自然秩序的一部分,这与其在文化秩序中是不同的。自然技术专家的功能在于寻求达到那个被承认了的“目标”的“手段”;只有在目标受到不可自由处置的手段,即既定的环境影响时,目标的选择才进入他的考虑范围。当然,他可能有时候还真的拒绝执行其他人希望他执行的任务,如果他认为这一任务与他的宗教信仰或道德规范(他认为两者紧密联系在一起)是不一致的;或者他可能自愿执行这一任务,虽然没有受到鼓励,甚至有违他所属群体的立场,只要在他看来这一任务将进一步实现宗教的、道德的、艺术的、政治的或经济的理想。但是,这只是意味着,他使自己的技术专家角色依赖于他作为群体成员或是作为追求某些文化目标的社会运动的领导者或追随者的角色,而不意味着他在自己的角色中包含了宗教、道德或政治圣哲向其追随者提供价值观标准的功能。

在文化领域中,曾有一些分离技术专家角色(研究如何实现既定的、没有讨论余地的目标)与圣哲角色(对目标进行评价与划分等级)的努力。马基雅维里的《君主论》也许是纯粹社会技术学的第一项系统一贯的工作:君主的目标理所当然
就是扩大并维持自己的权力,作者的全部注意力倾注在选择 84
最有效的手段以实现此目标。有趣的是,此后几个世纪里对这一著作的批评主要集中在伦理而不是技术方面。这些批评并不限于通过比较社会学方法去科学地检验他的假说,即他所建议的手段对于实现既定目标是最有效的;事实上,许多批评者既讨论了他所提出的目标的不道德性,也讨论了他所谓的最有效手段的邪恶。

自马基雅维里时代以来,在行政、经济、教育和人文活动各个专门领域中,对于技术类型的反思有了巨大的发展,在这些领域中,各专门目标被公认为是无可争议的,因而计划都集中于手

段之上。这一情况在极权国家得到了延续：随着统治阶层的权力得到巩固加强，据认为反对派已被击溃，于是证实统治阶级的意识形态就失去了重要性，统治阶层的所有目标必须得到国家的每个成员无保留的承认，科学家的任务是研究实现这些目标的手段，而不提出任何进一步的价值问题。

然而，价值问题不可避免，因为在文化生活中，任何对象或过程，在某一关系上可能仅仅具有"手段"对于"目标"的意义，
85 在另一关系上则有独立的价值，相对于其他主体甚至不同时期的同一主体来说，实现和维持这一价值本身可能就成了"目标"。反过来也一样，对于价值来说，在某一关系中实现或维持它是"目标"，在另一关系中它却成了实现其他"目标"的手段。在这里，你不能武断地把一个实际文化问题及其答案与人类文化世界的其他部分孤立起来；你必须把现在与之相关的，以及作为你的活动的现实后果——你的问题、你必须与之合作的个体和群体的问题，以及你希望通过这些个体或群体对其施加影响的更广大的社会问题——可能与之相关的所有其他实际文化问题都考虑在内。否则，分散的，也许相互冲突的评价标准和行为规范将不断妨碍你有计划地实现你的文化"目标"。作为价值的"目标"和追求这一"目标"的活动，必须被纳入一个价值与规范系统，在实现你的计划的过程中，这一系统在概念上将所有现在或将来与之相关的价值或活动，组织进在现在或将来参与其

中的所有人的行动经验中。

总之，任何人要想成为文化领域的技术领导者，就要合理地对他的群体活动加以计划，首先需要有一个圣哲，圣哲向他表明：他想使用的价值在他们那一类标准化价值中占有什么位置，他始创的活动在他的社会或在他所生活的那个时代的人类规范模式中将发挥什么功能。随着社会计划的发展，在这一意义上，圣哲角色的重要性看来注定要增加而不是减少。但是，这 86
种重要性的增加，当然只有在下列情况下才是可能的，即圣哲们停止那些徒劳的彼此争斗以及“证明”他们自己的理想正确而对手的理想不正确的努力，代之以在每一个文化领域中的相互合作，逐渐创造出一个足够全面而充满活力的理想。在一种新的综合中，使这一领域已经形成的那些价值标准和行动规范和谐共存，并在人类进一步的努力之中发展这些标准和规范。如果是这样，那么，我们就把这些圣哲叫作古希腊意义上的“哲学家”。

然而，除非存在一种关于文化现实的纯粹理论的非评价性、非规范性的知识，否则，文化领域的技术领导者和文化哲学家都不能发挥他们的功能。当社会学家、经济学家、宗教狂热分子、哲学家和艺术与科学研究者把人类价值和价值论的标准，人类活动和调节这些活动的规范，它们在文化系统中的结构联系，以及它们发生变化的因果和功能关系，作为经验材料客观地加以研究时,他们自身正在构造的就是这类知识。

文化领导者(或他的助手,文化专家)在他的计划之中需要
87 这类客观知识;仅仅对他以及他的群体在现实中力图加以修饰限制的零星现实进行观察,像现代自然科学发展之前古老的自然技术专家所做的那样,就不可能获得这类知识。因为,在文化领导者行动所及的特定的零星现实,与只有此文化领域内之系统化的科学才能发现的其他文化现象之间,存在大量结构的和因果的联系。更进一步说,必须对文化领导者及其群体的价值与行动倾向进行客观的研究,他们与更广泛的文化现实之间结构的和因果的联系必须客观地揭示出来。文化领导者及其群体并不是凌驾于他们正力图使之改变的现实之上的纯粹理性主体:他们的生活正是这一现实整体中的一部分。

文化哲学家所需要的是对作为材料的文化世界进行客观的科学研究后所获得的结果,利用这些结果可以设计他的理想。构成人类文化世界的社会、经济、工艺、美学、宗教、语言和科学系统是多种多样的和不断变动的,文化哲学家不可能亲自获知人类文化系统所包含的所有这些评价标准和行动规范,因为在这些领域,至今没有一个专家具备如此包罗万象的知识。他也不能靠他自己的研究去揭示能显示出这些多种多样的标准和规范的动力的过程,因为科学家才刚开始研究这些过程。然而,如果他不愿让自己的理想从"他的精神深处"

脱离出去，而是希望在他的理想之中汇聚起人类为了达到一种更高级、更丰富、更完满和更和谐的文化生活所做出的最具有历史意义、最具有潜在影响的努力，那么，所有这些知识对于他来说都是必须具备的。

但是，一边是可计划性技术和文化哲学，另一边是一种严格 88
客观的文化科学，如果追求客观的科学家用技术专家或哲学家的要求来决定他对理论问题的选择和定义，那么，上述两者之间就绝对不可能形成充分有效的合作。即使在自然领域，技术已经开始遵循理论科学的领导，不是预先制订实际目标然后搜集实现此目标所需的理论知识，而是一开始就以独立于实际目标的科学研究所取得的新理论成果作为出发点，然后为这些成果寻找可能的实际应用。

在文化领域，正如我们所见，想解决某一实际问题的人本身就是这一问题的有机组成部分，并且，技术或意识形态活动与这类问题中的其他活动不可能割裂开来。为了加强对现实的控制，推进科学自身的发展，更为根本的是，理论研究不应受到技术专家和哲学家某些想法的阻碍（他们相信，为了达到他们的目标，必须了解某些知识）。他们认为，有用的那一类知识受到他们的未来观的制约，反过来，他们的未来观，受到他们作为现今文化的参与者在自己的角色中使用的知识的限制。只有客观的、严格的、不受任何技术的或意识形态上的考虑约束的，按照

89 自身的方法论原则自由开展的，像四个世纪以来探索自然世界
那样系统地探索文化世界的那种理论科学，才能发现文化发展
过程中迄今尚未梦想到的可能性。但是，这一问题将在最后一
90 章得到更深入的探讨。

第三章　学派与学者：绝对真理的承担者

神学院

在研究“科学家”的起源时，我们面临一个令人困惑的问题：那些致力于知识的耕耘而不像社会上一般成员那样行动的人，竟然不仅得到容许，而且还被看作在执行对社会有用的功能，并在他们实际的社会环境中被授予社会地位，这是如何成为可能的呢？技术专家和圣哲角色的出现，使我们找到了部分答案：科学家开始得到社会承认，就是因为他们专门致力于开发行动者认为对实用目的有益的那一类知识。然而，应该注意到，除非技术专家或圣哲同时也是领导者或统治者，从他的行动角色中汲取权威或建立声望，否则，他不可能在他的同时代人中处于特别高的地位，无论他的名声被后人捧得多高。在实用活动中，作为成功之条件所必需的知识，总是比成功本身较少地得到社会尊重。

然而,随着这种对知识的纯粹工具性评价成为流行观念,我们在文明社会发现了另一种态度。似乎有这样一类知识,某些社会群体仅从自身考虑赋予它价值,而不管这类知识是否有实
91 际用途;这些社会群体必定影响巨大,因为在许多社会中,把明显无用的知识传授给年轻人被认为是一项重要的社会功能,因此,在同一时期内提供这类不实用教育的机构,要比那些提供实用教育的机构享有更高的威望。有许多科学家被认为是这类不实用的知识的承担者,尽管如此,他们却享有崇高的荣誉。注意一下中国古代知识分子,他们的权势地位完全建立在经典学问之上。在正统犹太人中间,贫穷的《犹太法典》研究者要比富人更有名望。在法国,如果科学院的成员应邀赴宴,他将被请到主人右侧的上宾位置上。在波兰,在最近一次遭到侵略之前,全日制大学教授的官方职位仅次于国务次长,相当于省长或陆军准将。

显然,必定有一个不同于承认知识实用性的知识评价根据;必定存在着一些社会圈子,它需要并赞赏致力于知识开发的科
92 学家,这并不是因为社会圈子能够利用科学家的知识来定义和解决技艺情境或影响处于社会冲突中的人们,而是由于某些其他原因。

如果我们考察一下已经走出部落时期的社会的文化史,如

埃及、巴比伦、亚述、中国、印度、波斯、公元前7世纪以来的犹太人、希腊人、伊特拉斯坎人、罗马人、高卢人、玛雅人、阿兹特克人、印加人、伊斯兰教统治下的阿拉伯人、中世纪时期的欧洲国家，几乎到处可以看到一个群体或几个相互联结在一起的、通常具有祭司特征的群体，即使一个满清官吏，也不时地执行着僧侣的功能，它们都把广博和一致性程度不同的宗教知识从长者传递给年轻人，因为在这些群体中，教学过程具有根本重要性——在某些时期，例如在中国，这些群体即使不是唯一的，也是联结其成员的主要纽带——我们称之为“神学院”，他们的成员就是“宗教学者”。①

神学院可能起源于两种情形。一方面，在部落的层次上，出现了带有几个等级的秘密联盟，②要想进入这种联盟，必须由其他会员授以一定数量外人无法知道的宗教知识；随着等级层次 93
的提高，越来越多有价值的“真理”被补充到他的信息库中。即使在学习只是入会仪式的一部分的地方——这种仪式也包括对作为成员角色所必需的身体与智力特征进行各种检查与考验，也许还包括测试对秘不外传的巫术技能的掌握，学习也是基本

① 我们目前不曾获知对神学院有无一般的研究，我们只是为了进行比较，主要使用了第二手材料，这些材料包含在研究个别宗教的历史著作和对个别文明所做的综合研究之中。关于后者，亨利·贝尔（Henri Berr）主编的大型历史丛书《人类的进化》（*Evolution de la humanité*）尤其有用。

② 参见韦伯斯特：《原始神圣社会》（*Primitive Sacred Societies*, New York, 1908）。

的部分，学习的内容越多，群体传统的积累也越多。

另一方面，我们发现巫医（萨满教僧、术士、巫师）把技艺授予他们的继承者；在一些部落社会，有一些秘密的巫师联盟以集体的形式传授技能和知识。这一过程与其他职业角色的技艺训练没有很大差别。然而最终，在许多社会中，牧师作为正面的神圣的公共角色与以私人活动为特征的男巫或女巫有根本的差别，牧师的角色得到体制上的确认，因此，他们所执行的宗教与巫术功能被认为对于社会幸福是必需的；而后者以其个人特征为其求护者行使功能，这种功能被社会视为邪恶的和亵渎神灵的。[1] 在这种情况下，每一代牧师都有一个基本的公共职责，那就是训练继承者，向继承者传授神权，在他们的精心传教中，将
94 他们所保护着的整个宗教体系传递下去。因此，在每一个拥有若干牧师的较大的社会里，神学院几乎是必备的机构。

在书写被发明之前，神学院内的知识传播，恐怕是与宗教仪式和各种巫术技巧方面的训练分不开的。宗教知识在书写中的符号表达，使其具有重要意义，它将传授和学习观念的过程与（为取得牧师职位而）习得宗教活动和巫术活动模式的过程区分开来。因此，每一个符号化的东西都成为知识并加倍地值得尊敬（也就是说肯定是神圣的）。首先，这一知识来自神灵，

① 牧师的宗教功能与巫师的魔术功能的这种区别，由胡伯特和莫斯在《宗教史论文集》（*Mélanges d'histoire des religious*, Paris Alcan, 1909）中采用。

是赋予神学院之精神的祖先的直接陈述，或是以书面形式写下的神的启示。这些人可能是半神半人，纯粹的神秘存在；或者是确实活着并扮演预言家或圣哲角色的人，但这些人已从传说升华到持有真理的超人英雄的地位。其次，这是一些关于神、神圣的事物或者至少如同在儒家思想或佛教中关于神圣宇宙秩序的知识。它们并不只是涉及圣经中描述性与解释性的东西，如有关神的起源与本质、诸神之间及神与人类的关系、世界的起源与结构、群体与机构的历史等等。因为道德行为的源泉也是神圣的，它向人们传递事物之神圣秩序的某些信息，所以用抽象的符号加以表述的道德行为和技术规则或规范，也是神赐知识的一部分。因而，这些知识即使不用它，学会它也是重要的。因为，
所有神赐知识确实都具有威力：占有了它，就意味着具有了统 95
治世界的神圣力量。

其结果是，神赐知识不必像技术知识一样经受实际检验。企图检验它是亵渎神灵的行为，如果包含任何怀疑其确定性的意思的话。这并不意味着神赐知识没有实际用途，因为神赐知识力图指引人类的生活。但是，由于神赐知识绝对确定，因而不可失败。如果偶遇特例而似乎失败了，那么这种失败必然要么归咎于误用，要么是一种错觉，虚假的表象会使那些没有领悟到神圣秩序之真正本质的人误入歧途。也许这里隐含着一个对特殊现象的解释，即在神学院内传播着的，并声称有一个神圣的源

泉的那种知识的进化过程中，有一个或多或少比较明显的倾向，也就是把感觉世界与精神世界相隔离，认为前者是一种虚幻，只是不完整的实在，相比之下，后者却是终极的实在。因此，以感觉检验为基础的实用检验，不适用于对宗教知识的确定性的检验；只有那些充分熟知精神世界的人，也就是说只有那些宗教学者，才能告知知识在这个世界的应用是成功的还是失败的。

96 与圣哲的知识一样，神学院的神赐知识也不依赖于公众的承认与否。的确，它的确定性是受社会调节的，但它的社会基础是作为神圣群体的学院权威。学院保证真理的神性来源和其忠实的传播，学院是它的承担者与卫道士。在几乎所有神学院的早期历史中，神秘性——原始神秘社会的遗产——都加强了这种权威。如在原始神秘社会，学院中最重要的知识要严格保密，其成员只能在入门过程中渐渐地获取；没有哪一个专家能与院外人士共享这种知识，除非按规定方法把获准的候选人介绍进群体。因为僧侣群体的宗教系统同时也是范围更大的群体的宗教，因此这种群体的某部分知识必须与门外汉共享：因而有秘传知识与公开知识之别，前者只限于院内成员享用，后者对院外公众开放。但是，即使是公开的神赐知识，也不会毫无保留地泄露给外人或不信教的人，而只对已经属于或将被接纳到以牧师为其宗教领袖的群体的人毫无保留。

随着文字使用的发展，宗教著作成了传统不可动摇的证据，并且成了学院权威的又一基础，最初宗教著作并没有降低权威的神秘性。圣书通常仍对门外汉保密；阅读与写作不仅困难而且有时是一门神圣的艺术，它不允许学者将其普及而玷污其神 97
圣之处；圣书的真实意义可能是神秘的，只有上帝的选民才能诠释。即使在现代，印刷术使每一个人都能接触到大部分宗教群体的圣书，但仍然有一些秘密的社团，它们划分等级层次，最高级的会员是神秘的秘传知识的携带者，他们主要以口述方式向别人解释（印刷或手抄的）圣书深藏不露的意义。况且，神学院不再有意识地努力把知识隐藏在神秘之中，在非神学者看来仍然没有剥离该知识的神秘光环；因为，随着岁月的流逝，日积月累，它们的知识可能变得卷帙浩繁、深奥难解、细致入微，以至于如果不花几年时间，几经名家指点，就无法理解。

宗教学者

宗教学者在神学院内执行其社会角色。他的社会圈子由其他学者组成；他之所以在这些学者中间占有一席之地，只是因为他们承认他是一位同行。他的圈子必须满足的条件与标准是那些传统上适用于学院成员的条件与标准；他的地位与功能受学院的体制调节。

当然，学院作为集体依赖于社会的支持——种族的、地域的

或特定宗教的（比如一座国际性教堂），学院是社会的一个组成
98 部分，而社会则需要学院使宗教体系持续下去。但是，个体学者，作为学院成员的角色，不被认为直接依赖于其他社会圈子，或为其他社会圈子发挥有益的功能：除了学院，没有其他人能判断他在学术上的能力，或决定他适合于占据什么位置，或规定他作为科学家担负的职责。

作为学者，他可能被赋予学者之外的其他角色：他可能作为宗教集会的首领主持宗教仪式；可能作为院长主持修道院，或作为主教治理某一主教辖区，行医、谱写并指挥圣乐或在庙堂跳舞；或者在农业、土地测量、灌溉、建筑等方面充当技术专家或顾问，解释习俗或法律条令，裁决诉讼，充当皇帝的秘书或太子的教师；或者统治某个地区或某个省；或者担任国家的部长。但是，除非这一角色由学院赋予他，并隶属于学院管辖，否则将纯粹是个人的角色，学院对此不负责任。然而，由于对学者的外部社会活动所做的肯定或否定的评价，必定加强或损害学院的威望，因而，学院力图把自己的标准引入其成员执行的外部角色的活动模式之中，影响他们的行为，使其与这些标准一致。

例如，中国的学术包括传授道德与政治规范，学院认为这些
99 规范是约束国家官员的力量；一个已成为官员的学者知道，他的行动将会遭到其他学者的评判。在其他国家，宗教集会的领袖、医生、法官和皇家议员与大臣，不论什么时候，都是在神学院而

不是依靠个人身份获得预备权,这些学院不仅在智识上,也在道德上将他们的角色标准化,只允许那些经过学院考核并经宣布值得信任的人去执行这些角色;学院使这些预备生以严肃的誓约(他们将忠实地遵循学院制定的标准)约束自我,①有时甚至由官方表示不赞成那些此后没有履行诺言的人。

学院内的学者角色严格地由学院的任务决定——使圣训永恒。技术专家在其计划中所使用的知识,以及世俗圣哲的智慧,都是私有的(虽然可交流),属于个人的(虽然他们服务于各自的社会圈子)。而学者的知识却不属于他自己：它是整个神学院的精神财产,高于每一个体并独立于每一个体。作为个体,他的重要性在于在学术群体内,他是活生生的链条中的一个环节,借助这一链条,超绝的科学和神的智慧一旦被人们获知,就在力所能及的范围内永远维持下去。个体开始是个初学者,然后在教师的指导下逐渐更广泛、更深入地共享圣洁的知识。 100

如果学者在获得一定的对于执行学者角色所必需的学问后,离开学院成为一个外部角色,那么,他在学院内部的功能也就终结了;但是,他与学院的精神联系仍没有割断。如果他继续忠实于联盟,他将以学院为中介,成为联结外部世界的门外汉与所有圣洁真理的永恒源泉的纽带。他在黑暗的外部世界发射出

① 哲学博士仍然要作出这一严肃的神圣誓言,使这一习俗得以生存下来。

从学院带来的光芒，以此（虽然处于从属地位）协助学院执行其神圣的功能。而且，可以认为，是他们的个人威望把外界的年轻人吸引到了神学院，新一代的学者可能就来自这批人。

如果宗教学者留在神学院并显示出卓越的智力和才能，他就承担了教师的角色，并把其他研习者引向神赐的知识。神赐的知识如果以书面形式固定下来，就可能变得十分广博，以至于学者即使在成为教师之后也要继续在仍健在的大师指导下学习，或是向那些留下著作的死者学习知识。因此，在其生命的每
101 段时期里，学者在学院内的地位都取决于他相较于师生等级秩序中的其他学者能够参与神赐知识的程度。

作为科学家，他的社会功能主要受神学院最高任务的制约，神学院的最高任务是使已经得到前辈信任的圣洁真理宝库保持不变。因而，每个学者首要的、最根本的责任是准确地吸收老师传授给他的每一个真理，然后以同样的准确性传授给学生。

科学家的这一责任与神赐知识中的语词以及其他符号所具有的极大重要性相关。在知识文化的低级阶段，名称与被称呼的对象之间存在一种牢不可破的纽带——它是真实的，而不只是心智上的。对象与名称是同体的：谁要是知道了这个名称，就参与了对象的本质，只要在一定的情境中念出这个名称或做出一定的姿势，就可能影响这一本质。这一信念在巫术中具有根本意义，它或明或暗地构成了宗教仪式的大部分基础：一个

神定程序或一系列仪式姿势直接地产生一定的效果，因为语词或姿势与它们所表征的对象之间存在着神秘的联系。公众相信，祷告和诅咒具有直接功效，尤其认为说不吉利的话是危险的，这一信仰是上述同一信仰的延续和未经反思的残存物。

由于神学院最初只是为自己开发知识，而不是为了用巫术
直接控制现实，因此，初期的现实主义观点产生了一个假说，即 102
用以表达知识的符号与知识对象之间存在一种客观的心理作用上的充分性。符号不只是表达人类思想，而且必定能不变地对应于他们所指称的事物。在大多数文明中，早期的文字是象形文字，这一事实显然有助于将上述假设从言语扩展到文字。在各种场合中，我们在所有神学知识中发现了这种暗示：名称要么是真的，要么是假的。通常，这一含义由神话清晰地表现出来，在神话中，诸神向人类披露他们自己真正的名称，以及神赐知识的最重要对象的名称，或人类通过神秘的灵感所发现的名称；在其他情况下，神、神奇的祖先或文明化的英雄为对象命名——如亚当为动物命名——这些名称就是现实的、真正的名称。文字的运用往往也被归于神、半神半人或神学院的精神祖先的教导；因此，他们传授的文字符号是真正的符号。这些（言语的或文字的）符号不仅是真实的，也是神圣的，如果用它们去指称神圣对象的话。

因而，在传授宗教真理的过程中，根本的一点是要准确忠实

地重新生产这些真理的符号式表述。同一个真理不能有不同的表述,因为如果能做出不同的表述,真理就不再是它们自己了。
103 使用不充分的符号不仅是错误的,也是对知识及其圣洁对象的亵渎。无论教师还是学生,都不能改变一个发音、一个破折号或一个逗点。因此对于背诵圣经的强调,甚至在现今的希伯来神学院和伊斯兰神学院中仍然得到保留;而完美的书写技巧的重要性,也在埃及圣书、中国学者的考据和中世纪圣稿中得到体现。

因此,作为学生和教师,宗教学者的地位与功能从根本上讲有赖于分享超个人的、排除所有可疑之处的、内容与表述完全固定的知识,因此,对他来说,对知识进行修正显然是不可能的。他也不能亲自去发现从最初到第一位向神学院中的后继者启示宗教知识的大师、神灵或英雄根本未曾知道的新的、确实的真理。但是事实上,神学院的知识却实实在在地在世代更替中成长起来,著述日积月累,学者成为一位权威的教师的时间变得更长,最后学者在宗教知识的分支中开始了专业化,在埃及、巴比伦、印度、波斯、伊斯兰统治下的近东和20世纪初的欧洲都出现了这些现象。

104 神学院所承担的知识的增长,似乎主要是适应广阔的社会需求的结果。新的自然技术问题,由社会冲突唤起的对文化秩序的反思,求知的人所做的新的事实观察,外来的陌生教条以及反对派偶尔提出的大胆创新，所有这些都渗透到神学院内部，要求他们做出回答。这些新奇的事物中，某些可能被斥为毫不相干或亵渎神灵，然而，如果神学院能有效地、权威性地解决大部分困扰社会的问题，并且能把大部分似乎正在获得更大的社会群体承认的新的风俗知识纳入到至高无上的宗教知识之中，那么，这对于增加神学院的威望和提高其影响力是有好处的。于是，宗教学者的角色中有了第二个，也是辅助性的功能：在已经全面学习了神赐知识（这些知识形成了学院的永恒传家宝）之后，他应该（如果可以的话）通过这类补充去丰富学院的知识，并因而增加学院知识对于外界俗人的重要性。

这两个功能——保持传统的完整与承认或引入创新——如何才能一致起来？全世界的宗教学者总是运用同样的指导原则达到这一点：在知识领域，没有任何东西是新的；任何真正新的东西必定是虚假的。全部真理包括所有已知的部分真理，都是神学院的精神祖先——神、半神半人或受到神启的超人——已经知道的。在传给后代的圣经中，精神祖先把他认为适于和可能为人类知晓的真理全部向人们揭示了；在忠实而准确地代代 105
传授圣经的过程中，学院特别注意不要遗漏或误传任何东西。因而，人类真正能知道的任何东西，都已经包含在学院的精神遗产之中。但是，很少有人（如果说有的话）能全部占有这一遗产。因为圣经必须要**理解**，也就是说，圣经中用符号表达的每一个别真理的内容，都必须参照对象物做充分全面的思考，而它们与构成宗教知识的所有其他真理的内在联系必须加以认识。①

现在，正如学习过程所显示的，对于个体来说，理解神赐知识开始变得非常缓慢，并且只有在经由教师解释后才能理解。起初，他那无知的头脑只能明白几个真理，其内容必须以简单肤浅的方式向他解释清楚。之后，一步一步地，他的大脑得到启蒙，他能理解的真理越来越多，他的思维越来越深入到每个真理内容的本质，真理之间的内部联系也变得越来越清楚。但是每
106 一个体的大脑潜能是有限的：只能达到一定的启蒙水平。而且，各个个体的智力水平差别甚大。大部分人只能理解一个卓越的大脑所掌握的东西的一小部分。通过长期不懈的学习，少数人能吸收（如果不是全部）他们的前辈已经阐释的东西中的大部分。只有极少数人脱颖而出，能对某些至今未给予充分阐释的神赐真理做出更出色、更深刻、更全面的诠释；但是，对于理解总的真理，他们每一个人也只能各自做出部分贡献；因为，学院的精神祖先达到的启蒙高度远超出他的后继者智力所及的范围。幸亏神学院是一个永久的群体，它的集体理解能力随着其成员贡献的累积而增加，因而没有这种个体能力上的局限。

---

① 圣经包含了所有真正重要的知识这一观念，当然也一直在非学者和宗教信仰者之间流传着，但是两者的态度明显有别。宗教学者认为，圣经所包含的神赐知识，对于一个没有知识准备的人是无法理解的，只有通过各代思想家的共同努力才能逐渐得到这些知识；而普通人却自信只需阅读圣经就能获取这些知识。

因此，神学院知识的增长，本质上是评论的累积，卓越的学者以评论的方式向同时代人或后继者诠释圣经或早期评论者的作品。这些诠释包括：阐发神赐真理的内容，或揭示它们之间的系统联系，或两者兼有。第一种诠释方法表明，从太古时代就获知的神赐真理（在那时比现在有更充分的理解），包含着被外行科学家或外来观念的引进者错误地认为是最新发现的，或是将能解释近来才观察到的事实的真理。因此，中世纪的学者发 107
现了基督教《圣经》中包含着古希腊科学的基本真理；某些现代学者把《创世记》第一章对创世的记载解释为包含了一般进化论。最近的历史过程被视为古代圣经一般地预期到的（如果不是特别地预见的话）；宗教伦理学，虽然是几百年前倡导的，但如果理解恰当，可以为研究现代社会问题提供绝对有效的指导。

第二种诠释方法允许宗教学者重新发现某些圣洁的真理，这些真理由于某些原因没有被他的直接前驱传授下来；或者神学院的精神领袖知道人类对于接受这些真理还缺乏准备，但预见到它们终究会在恰当的时间显示在人们面前，因而有意在当初不向人们揭示。一个具有卓越学识与能力的学者，或者甚至一个智识平平的圣者，在受到神灵的启蒙后，可能会发现这类真理并传送给神学院，从而帮助神学院完善传统的知识。但总是可能产生这类疑问，即这种发现真的是对原本属于神赐知识体系之真理的重新发现，还是仅仅是个别学者的不确定意见（如

果不称其为一个错误的话）。要想消除上述疑问，唯一的办法是向人们表明，重新发现的真理与其他已知的在教条里公认为
108 确实的真理之间存在内在的联系；因而，与后者一样，前者也是全部圣洁真理中的一部分，只有超人的大脑才能获知全部圣洁真理，常人只能窥见零星片段。

不管宗教学者是通过表明（学院早就知晓的）古老真理已经包含了俗人错误地当成新知识的东西，还是通过发现学院的精神祖先知道但因某些原因未传至现今的后继者的真理，来为神学院的知识做出贡献，这些贡献都必须经受学院的批评，由他们决定这些贡献能否整合到学术传统的整体之中。在这种情况下，宗教学者的功能一方面深刻地不同于技术专家和圣哲的功能，另一方面也强烈地不同于宗教预言家的功能。所有这些被认为带来了某些个人的、创造性的东西，虽然它们并非与其他人的贡献没有联系，但它依靠的是自己的优点：某一技术问题的解决，某一社会冲突中的决定性论点，上帝向人传递的神秘信息。宗教学者的评论纯粹是非个人的；他频繁地通过智慧巧妙的论证与引证试图证明，他所说的东西没有什么创造性，因为所有这些都以善良的神圣权威为基础。他的贡献仅仅依赖于与绝对确实、无所不包、他既不能证实也无法增添的真理保持一致而获取的力量。

当然，文化历史学家必须把这整个概念看作宗教学者们逐

渐形成的集体产物，宗教学者不断地面临一个困难，那就是当神
学院的圣训处于无法与之隔绝的新观念潮流之中时，保持它不
受亵渎，且绝对确定。如果我们比较一下任何一个神学院所传
播的假定中最初的圣经（撇开它们最终形成的历史）与几个世 109
纪以来几代评论家围绕这些圣经堆砌而成的巨大的概念结构，
宗教学者的真正成就对于我们来说就变得清楚了，尽管事实上
他们一直否认这一点。在历史上的每一种宗教中，虽然假装或
真正相信他们只是在解释传统的圣训，但实际上通过不断地给
它增添新的经验概括，他们已经远远越出原来的狭窄限制，而在
扩大这些圣训；通过批判性的反思，他们已消除了传统圣训质朴
的表面性，克服了最显著的不一致性；从一套极为缺乏相互联系
的神话、传说、巫术法则、道德与法律规定、智虑原则和理论抽象
中，他们构造了一个或多或少连贯一致的教条体系，赋予创始者
未曾梦想到的哲学深度。宗教学者最初把知识的目标规定为建
立一个包括所有智慧与科学的宏伟体系，每一个已发现的与人
类能够发现的真理都永远属于这一体系。对于他们来说，这一
体系就是最高的价值，有权分享它比分享世界上所有的权力与 110
财富更重要。

由于作为社会学家，我们无权评价我们正在研究的材料，因此让我们暂且扮演一个不同的角色，扮演一名哲学家，去努力认

识宗教学者的这一贡献对于人类文化史的意义。无疑,他们的知识目标不再是我们的知识目标,他们的教条与我们的理论有效性标准是冲突的;他们干了许多事,阻碍了知识朝着远离他们的实用主义观点的方向进一步发展,这也是事实。但是,如果不是几个世纪以来宗教学者们忠实地为他们所想象的真理而努力,上述知识的发展将是不可能的。他们开创了文化史上一个最伟大的发现——也许是一个最伟大的创造。他们发现,在所有从属于个体或社群的主观上可变的实际目标的个人知识之上,有一个独立于这些实际目标的超个人的知识王国,一个持存的、具有专门价值的王国,它拥有一种独特的、不可还原为任何实际标准的系统性秩序。在文化进化的那样一个阶段竟然有了这一发现,这只有通过赋予"真正的知识"以内在神圣不可侵犯的性质,把"真正的知识"与知识的最高神圣源泉和知识的全部价值的标准(而非物质需求或社会斗争)联系在一起才是可能
111 的。这一源泉在下列过程中得到纯化:早期的神是强有力但不完善的生命体,它有益或有害地干涉着人类的生活,神学院这一神圣的实体——人格的神或非人格的神圣宇宙秩序——逐渐开始包括所有知识的、道德的与艺术的完美;知识被看作分享这一完美的一种方式,成为神学院这一神圣实体与人类之间远比强迫性的巫术仪式或邀宠的牺牲深刻得多的连接物。

神学院主张他们的知识具有客观理论的有效性,即使我

们拒斥所有这些主张，事实仍然是他们在其知识中加入了某些在他们创造它以前根本未曾存在的东西，从而丰富了文化。拿来所有的圣经与评论，按你的想象去评论它们。这是一种非物质的思想产物，它凌驾于物质世界之上，有自己的实在性，因为它给予人类过上一种特别生活的可能性，经历以前未曾经历的事物的可能性，以及在低级文化阶段从未从事过的思想活动的可能性。

人专心于宗教知识领域，是否对它在实际中适应环境有所妨碍，是否在它有效地控制自然与社会现实的道路上设置了障碍呢？是的，的确如此。但是，为什么所有人都一定要去"适应"呢？难道复杂的文明社会只适合于清醒、讲究实效的行动领导者，没有为个人生活的千差万别，为无效力的冥冥梦想者留下余地？为什么思索上帝与灵魂要比发明一架更快的飞机、一种新的有毒气体或者一项更有效的宣传方法缺少价值呢？ 112

学院与学者的沉思

对不同文化的解释，曾经并且现在仍然伴随着带有不同宗教传统的神学院的代表和成员之间智识和社会上的接触。基督降临之前的最后一个千禧年期间，埃及、西亚，以及后来的希腊与意大利的最古老和最年轻的神学院之间，必定有过许多接触；7 世纪初以来，它们之间的某些接触在历史上可以考证，一直到马其顿人和罗马人的扩张战争之前，它们之间的接触都非常密切，以至于出现了著名的宗教大融合现象。类似地，我们还发现了中世纪时期基督教、犹太教与伊斯兰教的神学院之间大量接触的历史痕迹。并且，即使在一个具有相同宗教背景的社会中，也可能存在几个僧侣“学院”，各自拥有略微不同的宗教传统，如在埃及、古印度或希腊；或者由于宗派之争使一个宗教群体分裂成几个彼此冲突的群体，各自拥有一个僧侣学院，都主张自己的教义是对圣训的公共核心部分的正确诠释的唯一代表。

由于上述种种情形，神学院之间产生了敌对，而这种敌对不
113 可避免地使学术知识部分地世俗化。因为神学院之间的冲突或多或少代表了不同神学传统之间的冲突；求助于传统权威显然不是有力的论证；除非诉诸神助巫术行为或自然力量，否则必须运用辩证的论证。因此，通常发展出两类真理，一类是严格的宗教真理，不可加以怀疑；另一类是世俗真理，可以被批评，因为其有效性不是神启所能保证的，人类理性才是它的唯一保证。

况且，有时候甚至最神圣的真理也不能免受“无宗教信仰者”的攻击，而要靠理性的证据加以维护；要想努力改变不同宗教代表人物的看法，通常就要通过批判性反思去削弱他们的

信仰。

最后,宗教学派之间的分歧,很容易激发技术专家和圣哲对作为真理终极保证的神学传统一般性的怀疑。针对这一怀疑,神学院尽一切力量抗争,包括理性的劝说,唯恐这种怀疑即使不是在大众中间也至少会在受过较多教育并可能成为新一代学者的那类人中扩散,从而有损他们的威望和影响。

也有一些神学院,通过回避所有这些冲突而把自己隔绝起来,以免理论有效性的世俗标准侵入。另一些神学院逐渐承认这些标准,并力图调和这些标准与宗教神启的标准,它们向人们 114
表明,如果理解“恰当”,应用“正确”,这些标准不会与宗教神启标准相冲突。有时候世俗真理标准渐渐地,或许甚至是潜移默化地,使神学传统蒙上阴影。通常的情况是独立地建立完全世俗的一般知识学院,就像在远古时那样。然而,最经常的现象是学术知识各专门分支逐步地世俗化,要么出现了与神学院没有任何联系的专门学院,要么原先属于无所不包的神学院的各专门分支相对独立出来,进行它们自己的研究而不考虑宗教传统(虽然不藐视它)。在古代,我们还可以找到彼此孤立的世俗的医学、数学和天文学、语言学和法学方面的学院。在近代,这类学院一直在技术知识的各个领域飞速发展：军事、艺术、工程、农业、贸易等。上述第二个过程在西方大学的进化过程中尤其明显：大学原先完全由宗教学者统治,随着医学、法律,以及最后，“哲学”的各个分支从宗教控制下解放出来，并在正式的大学结构内充当各种世俗化学院的作用，大学被进一步世俗化了，直到只残留下“神学教员”，与其他教员处于同等地位；在某些老牌大学中，甚至这一“神学教员”也被废除了，而许多新大学从未有过这一职称。

115 虽然我们在历史上发现了一般知识学院和处于各个世俗化阶段的专门知识学院，通常，可能难以确定某一学院在某一时期是更接近于神学院还是更接近于世俗学院，但是，神圣学者与世俗学者角色之间的界限却相当清楚而且易于界定。因为，在同一学院内，某些学者可能忠于宗教知识，而另一些则开发世俗知识；有时候，同一个人在某一学院执行宗教学者的角色，在另一学院却执行世俗学者的角色。当然，在具体事例中，还可以找到两个角色相互重叠彼此干扰的情况，但基本区别还是清晰的。不要期望一个世俗学者具有积极的神圣性，他没有僧侣特征；即使这一角色碰巧由一个僧侣担任，这一事实也被认为是与他的学者地位无关的。他的社会圈子不局限于或者甚至肯定不是由宗教信仰者或准备改变信仰的人构成的：他不必为更大的社会群体的永久性宗教生活的利益服务。他的地位与功能也与学院紧密联系在一起，学院作为群体组织起来是为了知识的传播，但他所传播的知识不是宗教知识；知识的有效性有待确立，它的知识之所以得到承认是仰仗了其他方法而不是求助于神的权威。

不仅世俗学者与宗教学者有本质区别，世俗学者内部也可划分为几个不同的种类。最好是分别考察这些不同类别的世俗学 116
者，虽然很可能发现，某些人在其生活中身兼多职。

真理的发现者

每一个世俗知识学派，无论它起源于神学院之外，还是从神学院中或多或少独立地成长而分离出来，都始于个体的发现。某人发现了一个或一系列至今未知的真理，并主张他所发现的绝对真理对所有一般的知识或某一特殊的知识领域具有重要意义。当他找到了承认他的发现并将其传递给别人的追随者时，他就成了新学派的创始人。也许他所发现的真理，虽然被当作是绝对的，但不足以为学院的知识整体提供足够基础，在这种情况下，另一个发现者将对其做出补充。亚里士多德当然是历史上绝对真理发现者的最杰出的例子，他被公认为是三个不同文明的学派的创始人。其他熟悉的例子，在一般知识方面有毕达哥拉斯、巴门尼德、柏拉图、斯多噶派的芝诺、伊壁鸠鲁、奥卡姆、笛卡儿、康德和黑格尔；还有医学中的希波克拉底和盖仑；天文学中的托勒密、哥白尼和开普勒；物理学中的伽利略和牛顿；化学中的拉瓦锡；动物学中的布丰；植物学中的林奈；心理学中的费希纳和弗洛伊德。

然而,说到现代科学家时,必须有所保留。他们当中的许多
117 人并没有想成为学者;相反,他们一开始就造了那个时代的学问的反。但是,他们发现除了世俗学问之外找不到可以遵循的现成社会模式。我们将在后面看到,新的科学家角色模式的发展是何等缓慢艰巨,甚至现在,这一新模式被更大的社会圈子所理解与公认的部分又是何等之少。结果,由于他们的确主张已经发现了重要的绝对确实的真理,也的确聚集了一批皈依者(在教学中传播以这些新发现的真理为基础的知识),因而他们的地位与功能才开始被看作基本上类似于早期世俗学问的创始者。一个新理论得到认可,在大学与其他高等学术机构传播后,仍然有待获得社会赞同,这是主要的最终检验。

如果个人的发现暗中忽视或公开反对神学院的下列主张,即认为他们所承担的知识如他们所说是来自神的启示或激发,是唯一绝对真实的知识,那么个体的发现怎样才能被承认为确实有效,尤其是在学问世俗化的早期阶段中?技术专家的实用性和社会对其存有偏见的世俗圣哲的智慧,都无法与这一至高无上的有效性标准相比拟。世俗发现者的皈依者经常极力主张他的发现与某一神学院有渊源关系,以便提高他的地位,这一事实说明世俗发现者的地位受到某种程度的怀疑;因此,泰勒斯、
118 毕达哥拉斯和柏拉图据说是从古老的东方神学院获得了他们的知识。

当然，个体可以声称他仅靠神启或个人灵感直接从神的最初源泉获得了他的知识。某些“真理发现者”的确这么干了，如色诺芬、巴门尼德、苏格拉底、普罗提诺，甚至柏拉图偶尔也这么做。但只要发现者做出这种声明，他就使自己居于神学学者之下，与预言家处于同一水平。预言家的启示，得到了那些不是为了理论而是由于相信预言家的个人神圣性和他的超自然力量的人们的普遍信仰；而神学院则高高凌驾于这些没有批判性的信仰之上，它在没有考察其内容，判定其意义是否与整个已确立的知识体系相一致时，不承认任何个人自称的启示。

真理的发现者必定找到了新的理论有效性标准，在社会承认方面，这一标准不仅能与预言家的普遍声望，而且能与神学院（作为社会群体，由那些专门开发绝对知识的人组成）的古老权威进行成功的抗衡。它必须是这样一个标准，它使孤立的个体可以成为超个人的、客观且毫无争议地确定的知识的承担者；这真理像圣训一样，凌驾于技巧性应用与社会潮流之上。它必须是一个内在于真理本身的标准，因而独立于外在的非科学的东西，每一个能理解真理的人都能理解这一标准。 119

这样一种标准由希腊的世俗学者提了出来，并一直不断地得到完善。这就是**明显的理性确定性标准**（standard of evident rational certainty），或简称**理性证据标准**（standard of rational evidence)。也许是埃利亚(Elea)学派最先始终一贯地应用了这一原则,并且将理性证据与经验证据做了充分区分。他们把理性证据看作绝对确定的真理的终极客观标准;而经验证据无论看起来多么令人信服,一旦与理性证据相抵触,都必须加以拒斥。如埃利亚学派的芝诺在其著名的论证中驳斥了那些假定了运动的实在的经验证据。

按照学者的认识论,具有理性证据的知识是绝对客观的,不仅超越个人而且凌驾于社会之上。每一个能思考并已经意识到理性上明显的真理的人,其内心的需要使他承认这种真理是绝对有效的,即使他的传统信念反对它,他的社会偏见使他希望这是假的,他的实际利益似乎与它无关,他的感觉建议他提出另一与之冲突的描述。另一方面,任何与这一真理不一致的意见,不论它多么古老,流传多广,也不论支持它的人的个人声望或群体权威如何之大,都必错无疑。

历史学家们知道,数学为明显的理性确定性提供了第一个显而易见地没有争议的例证——因而数学一直是世俗学者信仰
120 绝对真理的主要支柱。但是,自从毕达哥拉斯首次进行天真的尝试,人们才开始知道,仅凭数学不可能获得整个宇宙或部分宇宙的全部知识。世俗学术知识的创始者必须为实在找到另外的真理,即理性证据真理,以便建立可与内容丰富的宗教知识相媲美的世俗知识体系。

真理的发现者具有超常的洞察力和罕见的发现能力。他完全依靠理性能力，不求助于超自然的力量，发现了人们至今未知的真理，并从此为任何能理解它的人提供了直接的证据。只有具备这种洞察力，并且能充分利用真理为他人谋利益的人，才能成为一个学派的创始人。然而，这并不意味着所有创造性的思想家都创造了学派。有些人完全被人误解；另一些人找不到追随者，因而无法使他的发现保存下来；还有一些人只散布了少数新思想，最终被纳入某一学术教义之中，但又不足以构成一门新教义的充分基础。同样，学派的创始人也不一定是创造性的思想家：一个诚实的历史之子会发现，许多归之于伟人的“发现”，其实已经被人预见过了，或者甚至已经由他们的被人遗忘的前辈明确提出过了。①

要想成为真理的发现者，思想家必须得到一群前呼后拥的 121
追随者，他们把他的发现当作新的学术传统的绝对开端。真理的发现者是一个历史性角色，它只能在后来的一代代学者手中，在进一步的发展过程中，得到充分的认识。这并不意味着，他的发现需要得到社会承认以便得到证实：这些发现的有效性由他们的内在理性证据得到保证，因而是绝对确定的。作为发现者

① 参见皮卡德（J. Picard）：《论科学发明的积极条件》（*Essai sur les conditions positives de l'invention dans les sciences*, Paris Alcan），特别是第二章，以及他对迪昂（Pierre Duhem）观点的总结和批评。

这一角色，他的确需要得到追随者的合作，以便从他的发现中得出所有可能的必然结论。与宗教学者熟练地诠释圣经所发现的真理不同，这些结论没有被假定已包含于世俗科学家最初发现的基本真理之中：它们必须通过复杂的推理过程和理性上确定的观察从基本真理中推导出来，从而为学术知识增添真实的、客观的内容。这种由发现者发端的知识的发展需要两类社会角色：组织者（the systematizer）和贡献者（the contributor）。

组织者

没有组织者就不可能建立世俗学派：组织者角色是学术史上最具特征的角色。通常，有人会将发现者与组织者的角色集
122 于一身，这种人在历史上最为著名。作为逍遥学派的缔造者，亚里士多德是最著名的例子；但对于伊斯兰教与基督教的亚里士多德学派来说，这位大师在很大程度上只是一位发现者，而阿维森纳和圣·托马斯则扮演着学派缔造者的角色，他们联系当时的现有知识，对亚里士多德原理做了新的系统化。物理学中的牛顿，综合哲学中的黑格尔、斯宾塞和冯特，是发现者与组织者两种角色完美结合的另一些例子。笛卡儿只对自己那包罗万象的哲学实现了部分的系统化，大部分工作留给了他的追随者去做。类似地，作为斯多噶学派的创建者，芝诺只是部分地使教义

系统化，在他之后很久，多产的克莱西普斯花了一辈子去发展学派的各个部分和各个方面。

发现者与组织者的角色联合，对学派来说是极有裨益的；对发现者来说，在实现系统化之前，很容易被他追求未知真理的热情及做出新发现（不可能总是与先前的发现一致）的渴望所吸引。一个想建立学派的人必须知道该在何处刹车，除非必要，原理不会增加。柏拉图没有刹车，这一事实肯定是雅典学院史令人奇怪地缺乏连续性的一大因素。从学术教义的一致性与持久性来看，如果某一著名的发现在各个高等学术机构都有追随者，他们系统地发展他的发现并把这些系统化的教义向他们的皈依者传播，也许是最理想的。

组织者的任务是检验他那个时代与文明的总体知识，或是一个专门的学派内关于某一现实领域的现有总体知识，并把经受住检验的真理组织成一个体系。检验与组织是平行的、相互 123
依赖的因素。组织者从靠理性洞察发现的创造性的、明显确定的真理出发，把这些真理当作所有一般的真知识或所有特定科学领域的真知识的**绝对自明的第一原理**加以接受。只有那些并且所有那些与第一原理一致的将成的（would-be）真理才是有效的。对任何真理来说，与第一原理一致意味着，它的有效性已逻辑地包含于第一原理自明的理性确定性之中。只有通过从第一原理或是其他已从第一原理推导出来的真理推导出此一真理，才能证明这一点。

只有遵循推理规则的演绎过程才是有效的，推理规则的有效性不能从演绎得出而必须是理性上自明的。因此，除了自明真理被公认为理论的“实质的”或“本体论的”基础之外，所有世俗学术知识都预设了绝对有效的演绎逻辑的“形式”原则。这一本体论基础一旦牢固确立，检验其他真理的逻辑方法一旦完
124 善，那么，全部真实的知识——或对任何专门学科而言，其自身领域内所有真实的知识——可以构造为一个理性结论的演绎系统，按照世界的本来面目，这些理性结论是从理性上自明的第一原理按逻辑演绎而来的。

系统化是学者教学角色最重要的前提条件，同时也是一个基本条件，没有它，他就不能充分地作为大师对其皈依者尽职，作为“教授”对其“学生”尽责。那些来到他门下求学的人都希望能获得比他们从其他渠道——宗教学者、世俗技术专家或圣哲——所能获取的更确定、更完全的知识。一旦作为初学者加入某一学派，其社会角色就要求他坚定地相信学派所具有的知识和学者所教授的知识之确定性和完备性。如果对之存有疑问，那么应当使他们相信，这些疑问是他们自己无知的结果，在他们全面吸收了大师的教诲后，疑问就会消失。而作为大师，他有一个道德义务，那就是预见到并且消除学生在接触其他学者或研究非学术的经验性知识时可能困扰他们的所有疑问，以使

他的学生对他的知识怀有信心。学术教学的目标，要求初学者在教师的指导下掌握学派教义的本质后，不会再有不可解决的问题，或至少不会有借助学派教义不能解决的问题。实现这一 125
目标的唯一方法恰是演绎的系统化。按照系统的逻辑顺序，通过学习第一原理和推导出来的真理，学生开始熟悉绝对确定的知识中最基本的部分，如关于宇宙整体或宇宙之某一部分或某一方面的知识，并且获得了绝对的有效性标准，使他从此能够判断今后遇到的人类意见是真还是假。

这就是现在对知识真正感兴趣的学生希望从大学学习生活中获得的东西，如果他们一直接受现行中等教育方法为升入大学准备着的话。本书作者作为学者或教师对九所大学做了观察，搜集了同事们的有关信息，分析了有过大学教育经历的人的传记和自传，得出结论：除了几个可以从另一方面去解释的例外，任何大学"学科"的"好"学生，都希望获得参照第一原理系统地加以组织的绝对真知识，如果没有寻求到这种知识就会感到失望。通常，教授力图不使学生失望，他们清楚地意识到，在学生圈子内，作为科学家，教授的权威有赖于他们所传授的教义的确定性与一致性——当然，否则的话，就是学科本身不适于学术系统化，比如文学史的情形。在高等学术学派中，维持陈旧的关于理论有效性的学术标准的趋势，也许最明显地表现在传统样式的大学教科书的内容与结构中， 126

这种样式现在仍然流行着。

贡献者

无论发现者确立的原则看起来多么自明，无论组织者执行检验并组织现有知识这一任务多么完善，学派无法安于已取得的成就；因为任何使得世俗学派成为可能的文化都是变动不居的文化。① 技术专家、圣哲、公正无私的思想家和观察者，或外来观念的借用者，可能在任何时刻引入新的概括。世俗学派甚至比神学院更担当不起忽视这些创新所带来的后果，因为，世俗学派在社会上拥有的影响和声望，完全依赖于对知识感兴趣的世俗人对学派承担的知识之确定性与完备性所具有的信心。新的概括必须加以检验，如果经受住了检验，就被整合到学派的体系中去。

学派倾向于区别对待归纳概括与对于声称具有自明的理性确定性的绝对真理的“新发现”。后者（尤其是外人的发现）易于被看作是危险的，因为它们可能创造一个思想上对立的学派；
127 使学派避免这种危险是“追求真理的战士”这一角色的任务，我们就要着手分析这一点。前者，即归纳概括，相较于学派的第一原理或按适当逻辑方法从这些原理演绎出来的真理，对理论有

① 社会转变与知识的世俗特征之间的内在联系，在巴恩斯和贝克尔的《从经验知识到科学的社会思想》第一卷中做了很好的阐明，尤其在研究古希腊的部分。

效性没什么要求。归纳概括就是从经验材料得出结论,按学术标准加以判断,因而至多是“概率的”,或用一个较不模糊、更能表达意思的词,“似真的”。证明其为“确实真实”的唯一方法是用逻辑的方法将其还原为更一般的真理,这些真理是从自明的第一原理演绎而来的,已被证明为有效。如果上述演绎成功了,新的真理就成了演绎系统的构成部分,并从演绎系统中间接地获得了原来无法得到的理性证据;如果失败了,要么由演绎系统去适应归纳结论,要么必须使归纳结论与演绎系统一致。而在既定学术标准之下,对任何归纳结论而言,演绎系统具有不容置疑的优越性。

当然,学派的创始人或奠基者——他们毕竟也是人,而不是完美无缺的灵魂——可能要么发现不了重要的自明真理,没有它,系统就不完备;要么在演绎过程中经常出错,或者在学派的教义中包含了某些不能逻辑地遵循第一原理的归纳概括,取代了其他一些能与系统并存的归纳概括。但是,要使学派动摇公认的伟大科学家构造并已在教学过程中稳定下来的演绎系统,可能需要大量“拟真的”归纳概括。无论何时,当一个新的归纳
概括不能被容纳于演绎系统时,人们似乎很容易假定,这是因为 128
进行归纳概括的人在观察事实或从这些事实引出结论时犯了错误。

因此,学者理应纠正这类归纳概括：揭露已经做出的观察

中的错误与瑕疵，更精确地观察同样或类似的事实，研究不同种类的材料以便进行比较，更充分地诠释事实，批判或改进归纳推理的方法。当然，如果从系统的观点，按照学派的利益去完成上述任务，学者通常能达到令人满意的结果，以改进后的概括取代原先不能容纳于系统的概括，它也在经验上“似真”，却能在逻辑上演绎为系统中已确立的真理，因而，按照理性证据标准，它无疑是真的。

对归纳概括的这种修正与还原，在柏拉图的对话录里表现得很明显，在古代与中世纪晚期广泛实行，也许这就是组织者在每一个学派发挥常规功能的开端。当学者们——如一切学问的大师与典范亚里士多德——不去等待归纳概括从天而降，而是主动地按照系统所标明的演绎路线，亲自从事归纳研究，并依据
129 演绎方法，使得他们自己的新的可能性结论变为确实真实时，组织者的这一功能得到了充分的发展。这过去是，现在仍是“贡献者”的功能。这种贡献被认为是吸收了教师传授的基础知识的每一个学者的首要义务，同时也是对他的学术能力的一种检验，并使他渴望获得教师职位。

在传统的欧洲大学体系——它的主要部分仍然存在，并在很大程度上被其他洲采纳——之中，每一位学者为了在某一知识领域达到一定的科学水平，不仅要通过考试以证明他已经吸收了教授给他的真理体系，还要对这一体系做出贡献。在最近

几代人中，虽然归纳科学中的新研究者的角色缓慢而日益地对学者角色施加影响，但他们仍然含蓄地（有时公开地）希望做出贡献——无论怎么微小——以便证明，此一学术经历是与大师们公认的系统相一致的。如果学者做出的贡献与此系统冲突，他会被当作忘恩负义之人（并可能导致他的论文被拒绝）。无论如何，他会被认为在从事真正具有创造性并且可能同时在理论上有效的事情方面，仍然不够成熟。只有依靠大师的教诲，他 130
才能完成令人满意的工作。

通过考试，做出贡献，并因此获得初级学位，就足以使学者得到高等学术机构中的低级教师职位。之后，随着每个专业中知识的积累，标准随之提高了。在多数欧洲国家，第一级科学学位最多允许学者在实际中应用他的知识，或在预备学校中做普及工作，但并不允许他成为学术学院中的正式成员。每一次擢升都要求他做出新的贡献。

例如，在1919年至1939年间，在波兰的学术角色组织中，学术生涯分为五个阶段。在四年学习后授予的第一个大学学位是硕士学位，没有学士学位；但是为了进入大学，必须在中学毕业后参加两年讨论课程，这对应于美国学院中的一年级和二年级。为了获得硕士学位，学生必须在教授指导下提交研究成果，表明他懂得如何把学到的一般真理体系应用于实际问题之中，但他的研究成果不一定重要到值得出版以供其他学者使用。他还够不上被纳入科学家之列，他可能成为初级助理，帮助教授从事其实际工作。

博士学位要求有可能为其他学者所用的真正新颖的贡
131 献（哪怕是小贡献），因而必须对其贡献予以发表。博士被公认为是“科学家”，但没有独立的学术角色，他可能充任高级助理，帮助教授授课，或者在教授的监督下教授选修课，学生需要修这些课，但不被授予学位。

为了成为维持、发展并向学生传授科学知识的人们中的一员，这一次，他必须做出较为重要的贡献或几项不太重要的贡献，以便竞争“讲师”（private docent）这一角色。学校召开一系列教授联席会议讨论此事：第一次会议考虑他的生平与个人品质；第二次会议上，由一个专业委员会提呈对他的科学成就所做的分析；在第三次会议上，他必须花几个小时回答教授委员会成员有关他专业的提问；第四次，他将举办一场讲座。如果一一顺利通过这些程序，他的情况就被呈报给大学评议会，如果大学评议会接受这一申请，就报请教育部批准。在他获准成为讲师之后，就有权无报酬地为大学生开设讲座，论题涉及他所“从事”领域的任何方面，但不通过考试和评估学生的贡献来检验他们掌握的知识。另一方面，他等待着提升教授的机会，与其他讲师一样，他必须发表更多更好的成果。

132 如果某一教席空缺或设立了一个新的教席，这一教席所属的大学教授委员会主任就邀请所有专于此领域或邻近领域的波兰大学教授，从现有的讲师中提出最佳候选人。一个特别委员会综合研究教授们的意见，分析所有候选人所做出的贡献，然后向教授委员会提出报告。这一次，教授委员会把决定上报给大学评议会，然后上报教育部请求批准，最后，教育部把任命决定送报共和国总统备案。在一段时间内，新任命者仍然仅仅是一名“临时”（或“副”）教授。直到几年之后，如果他继续发表了更多的科学成果，教授委员会觉得该是提高其地位的时候了；然后，这一决定以正常渠道向国家最高当局传送，由官方提升他为“终身教授”。①

在其他欧洲国家，这一全过程稍有差异；但只要是在这一学术传统存在的地方——那里没有其他传统控制着在高等学术机构行使功能的科学家角色——学者的整个学术生涯依赖于他作 133
为科学贡献者的活动，它们有助于维持和发展公认的绝对真理体系，后者通过教学过程被传授给下一代。欧洲与美国的大学结构在这一方面也没有根本的差别，只是在比较科学工作时，美国比欧洲更重视教学过程。

学者生涯的上述规则有一个公认的目的，那就是在每个高

① 我们用现在时态叙述波兰的学术系统，虽然自 1939 年 9 月以来，波兰的大学关闭了，科学仪器被摧毁或掠走了，大部分科学家要么丧了命，要么饿死了。因为我们相信，一个民族的文化是不可能靠武力毁掉的，科学家们的成就不会随他们的死亡而消逝。

等学术机构，将连续的科学生产率与严格的学术标准结合起来；无疑，这一目的达到了。没有科学生产能力的人，就不可能成为这种机构的永久成员；而在每一个擢升阶段，他的每一个产品——即使一篇普通文章或书评也不例外——要经受官方的成熟学者团体的细致批评，这形成了智识上的自我约束，结果，他的工作很少低于一定的正规要求。

另一方面，科学史家——这里只提一下德·康多尔（de Candolle）和维海姆·奥斯特瓦德[①]——指出，学术训练有碍于创造性。无疑，学派在追求绝对确定性的过程中，把形式的完美置于创造性之上，他们宁愿要缺乏新意但符合现存标准的完善成果，也不要一个不符合这种标准的重要理论创新。他们对新思想抱不信任态度，除非这些新思想来自那些学术上确有名气的人；学派有足够的理由对新思想抱不信任态度，因为在知识的历史上，失败者不计其数，而成功者寥寥无几。但是，自从科学家-创造者（见第四章）这一新角色出现以来，它就在高等学术
134 机构中日益显示其影响力，尽管只有极少数人试图在官方机构中为这一新角色赢得一席之地。现在，每一个高等学术机构都欢迎它的成员做出适当数量的创新，如果这些创新仍能按绝对

---

① 德·康多尔：《二十世纪以来的科学与学者史》（*Histoire des sciences et des savants depuis deux siécles*, Geneva, 1885），第 326 页。奥斯特瓦德（Ostwald）：《伟人》（*Grosse Männer*, Leipzig, 1905），第一卷。

真理的原则加以诠释的话。从理性确定性的观点来看，这象征着对先前理论的改进：发现了新的理性上自明的真理，进行了广泛而又完备的系统化。在几年贡献的基础上，学者所取得的最高成就莫过于做出一项或两项重大发现，使前辈所构造的体系变得不再充分，进而借助这些重大发现构造一个更好的体系，它涵括了该领域所有重要的科学成果。

追求真理的战士

在世俗学术史的每个发展阶段，代表不同知识体系的学派之间一直存在着斗争。哲学学派之间的斗争尤为著名，事实正是如此，因为哲学对科学思想的发展影响最大。但是，在各个专 135
门的科学领域也一直进行着类似的学派斗争。即使在现代进行了方法论与认识论反思之后，伴随归纳研究的稳定进展，引入了新的知识概念，在这一新概念之下没有给对立教条之间旧的竞争类型留下余地，但这类“纷争”仍然存在于诸多领域，伴随着学术传统的其他组成部分。在生物学中，围绕有机进化理论的斗争十分激烈，一直持续到最近；医学中仍有几个局部发生竞争的学派；心理学被划分为若干互不相容的学派；在社会学中，来自心理学、生物学、人类学、地理学，以及甚至是物理科学的“绝对真理”体系，很大程度上被用作相互冲突的教义的基础；在历史学、宗教学、政治学与经济学中，犹如过去那样，斗争仍在继续。

学术体系的多样性是很难解释的，因为它的主要因素必须在构造此体系的人的个性中去寻找；但是，从各个体系之间的差别中可以看出一定的层次之分。他们的“第一原理”可能根本不同，如唯心主义与唯物主义；或者虽然第一原理一致，但从其演绎出来的某些结论却不一致；或者按各自体系的标准在某些归纳概括的有效性的判断上有意见分歧。然而，学派之争的激
136 烈程度，好像不取决于学派所代表的体系的差异程度：次要观点上的不一致常常像主导概念间的根本性对立一样长久、激烈。我们甚至可以大胆地提出下列假设，即对声望和影响力的竞争曾是引起学派对立的一个因素，他们不仅夸大了原先形成体系区分的那些差异的重要性，事实上也进一步扩大了这些差异，因为他们“发现”，次要观点上的分歧，隐含着原则之间存在根本的、至今未曾注意到的对立。

学派之争产生了一种特殊功能，这一功能在于通过斗争，在逻辑上使一个学派的教义战胜另一个学派的教义。执行这一功能的学者叫作“追求真理的战士”，因为他认为，他自己学派的教义，在其适用的现实范围内，是唯一绝对的真理体系。虽然严格来说，这一功能对于体系积极的构建与发展并不是最重要的，然而事实上，这一功能具有极大的历史意义。大多数发现者、组

织者与贡献者都经常请真理战士维护自身的理论,并攻击对手;在科学论战比现在更为激烈的时期,有些学者干脆专于此职。我们从过去继承下来的理论有效性与科学系统化的“逻辑”标准(我们大部分人仍然有效忠于它的良好意愿,如果不是在我们的实际思考中的话),在相当大的程度上是由真理战士发展与完善起来的(虽然不是由他们最初提出的)。 137

真理战士与党派圣哲(the partisan sage)明显有别。真理战士希望他信为绝对真理的体系能在逻辑上取得胜利;而党派圣哲则力争使他及其群体所代表的行动趋势在社会上取得胜利,并力图找到理论依据使其合法化,并获得证实。对真正的学者来说,真理与谬误问题无条件地高居于一切实际冲突之上,绝对知识不应降低身份充当党派之争的工具。学术争端并非在公共论坛上,而是在只允许那些认为真理具有最高价值的人参加的封闭圈子内进行。

当然,胜利与否的确对学派及其成员的社会地位甚至经济状况有所影响。因此,其他非科学的趋势可能(经常确实如此)影响真理战士;但是这些趋势只能与作为他们视之为无条件地确定和基本上完备的真理体系的参与者的学派特征相一致的方式来表达。希望提高自己的地位、贬低对方,对自己群体的社会忠诚,以及对其他群体的社会偏见,都可能加强真理战士的下列信念,即只有他的学派拥有绝对真实的知识,基本上足以描述世

界的总体或某些部分;并且可能使他更急于扩散这一信念。但
138 是,由于其他学派也有类似的信念,他必须说服那些不属于他自己学派的人,他的主张是客观有效的,而任何教义与之相异的学派的主张是不确实的;这只有在信心十足地运用具有无可非议的有效性的理论论证时才能办到。

的确,真理战士的斗争,对于下列观念的扩散与深入人心做出了很大贡献,即知识体系具有理论客观性,这种理论客观性不仅可以超越个人,也可以超越社会。学者为说服隶属于不同学派的人们,不可能比诉诸个人兴趣更多地求助于群体权威。他必须求助于有效性这种唯一客观的标准,所有世俗学派自愿承认这一标准,而所有神学院也必须承认它,如果他们希望在超越宗教的基础上,即依据理性证据标准与世俗学派展开竞争的话。

我们说的是唯一客观的标准。对于深受尊重事实之风气影响的现代人来说,问题很明显:经验证据有何作用?在讨论真理发现者与贡献者角色时,我们已经提到,事实对于学者并不是充分的真理标准:没有一个经验证据抵得上理性证据;而且,来自经验材料的归纳概括,只是在能把它从理性证据真理中演绎出来时才成为确实有效的。这种对有效性的事实检验的明显忽视,为现代经验主义拒斥所有学术传统提供了主要理由。对知识史一无所知的学者误解并夸大了这一点,因而孕育出了无批判地蔑视所有“先验的哲学化”(a priori philosophizing)的态度;

人们一再讲述着各种各样滑稽可笑的故事，说有些问题只需通 139
过简单的观察就能立即解决，可那些老学究们总爱胡思乱猜，争来辩去。

除非从历史角度和社会背景去说明，否则无法充分理解学者为什么低估经验证据的作用。在世俗学术开始发展之前，几千年来人们一直把经验证据作为真理的标准。它是评判工艺知识与后来的技术知识的实用性检验的基础；因而，它被用来证实传统的巫术活动，以及真正能增强人类对于自然界的控制的创新。常识仿佛也以经验证据为基础；在不同的共同体中，常识能从相似的事实中得出不同的结论。当致力于竞争克敌的圣哲们出现时，每一位都能借助于适当地加以选择和解释的事实“证明”，他自己的思想是正确的，而其竞争对手的思想则是错误的。最后，宗教学者的主要论证也归之于经验证据：神启是一个最为有史可鉴的历史事实，而新的事实——公开的巫术与内在神秘的体验——源源不断的涌现证实了这一最初的论证。在不信任经验证据并创造出理性证据标准时，学者们已经为使经验材料科学地标准化，从而作为归纳理论之客观材料预备了道路。没有这一学术成就，现代科学无从发展。虽然在其发展过程中（马上就会看到）最先出现了经验主义者对学术传统的反
叛，但如果世俗学者没有把所有知识的标准提高到他们在 20 世 140
纪初找到的水平之上，这一反叛将是毫无成效的。

为真理而奋战需要遵守严格、明确的规范。仅仅依靠理性证据说服其他人的过程构成了**理性证明**(rational demonstration)。学者之间的每一场争论,开始于或明或暗地建立双方都认为显然确定的理性真理,旁观者也这么认为——当争论以文字形式展开时,所有其他学者都成了预期中的旁观者。这些真理构成了证明的基础:每一方都力图证明,从他们的自明确定性出发,按逻辑必然性可以推知他们自己的整个体系是真理,而其对手所持的任何观点都是谬误。从概念内容上看,理性证明与学术系统化使用同样的演绎与还原方法。但是,真理战士的社会功能迫使他形成一种专门的证明**形式**,以适应这一功能的需要,这种证明形式与所有争论的文字特征息息相关。

我们已经看到,文字与符号对于神学院的宗教知识有多么重要。世俗学派保留了前辈们的这一基本思想,即文字与符号,
141 如果使用恰当,能确实客观地表达知识;只是“恰当”使用的这一原则改变了。符号失去了与“物体”的神秘联系,代之以需要与人类思维对象建立新的认识论联系。它们已不再是直接作用于现实的工具,而是成了智力战争的武器,有力地迫使人们接受真理,拒斥谬误。但是,在用于表达真理的情况下,只有在排除所有可能与谬误混淆的方式时,符号才具备这种力量。在每一种情形下,人们都必定面临不可避免的抉择:一方是明显客观的真实的**文字命题**(a verbal proposition),另一方是明显客观的

虚假的命题。

当对立的两个学派都宣称，在某一领域内，自己才是所有绝对真实的知识的唯一拥有者，并且在相同领域内，如果另一学派的知识与自己不同就认为那是错误的观点时，那种旨在使别人相信自己所宣称的东西才是有效的证明，就被留给了对方。对方与我们的学派都认为是真的东西必须用**同一**或**矛盾**的命题系统地表述出来。同一性可以理解为对方承认我们拥有真理，它为进一步的证明提供了基础。矛盾性促使我们通过拿出我们的命题为真或对方的命题为假的证据，来立刻证明我们的知识是有效的，而对方的知识是无效的。

但是，如果对方以某种方式表达的知识，既不能还原为与我们同一的命题，也不能还原为与我们矛盾的命题，那该怎么办 142
呢？难道这没有包含他们的知识是有效的这一可能性？即使它无法被整合入我们的体系。这一困难由于下列假设而得以排除，即这种知识就不可能与我们的知识依据同一现实。即使对方有意使用与我们的普通经验同样的词和同样的材料，他们所表达的理性知识的真实对象也与我们所表达的理性知识的真实对象不同。总之，我们之间存在“误解”。这只有通过精确规定双方所用的每一个符号才能加以避免或消除。指明符号所表征的材料是不够的：符号的客观意义必须严格确定，即在整个争论过程中，我们必须清晰地陈述，符号所表征的我们的知识的真实对象的本体论特征。

在双方都精确规定了各自的语词、符号之后,他们会发现,他们的知识所指的对象完全不同,这意味着他们的论争没有基础,因为他们代表了两种不同的专门科学。为了避免进一步的误解,他们可能同意使用不同的符号。从图式上讲,这就是科学分化的逻辑过程。事实上,科学分化通常始于个别学者或整个学派把工作注意力都集中于范围广泛、边界相当模糊的知识范畴中较为狭小的领域,这一集中化最后导致了领域之间概念上
143 的界限。这种界限通常先于学者间的论争就已存在了,直到双方或多或少地对每一个专门研究对象加以精确的规定,使其不同于任何其他专门的知识分支;大家才逐渐明白过来,原来双方的分歧是由误会造成的。也许这并不是科学分化实际形成的唯一方式,彻底探究学者们以这一方法避免或停息这种学术论争的趋势是很有价值的,这一趋势经历了与各种专门科学逐渐从包罗万象的哲学知识中分化出来的过程相类似的过程。

当然,并非所有的学派之争都能追溯到符号使用上的误解而得以解决。一般学派(主张拥有关于世界整体的基本知识)与专门学派(其理论领域很大程度上彼此交叉重叠)没有为对方留下无争议的各自的领地。在这种情况下,精确定义符号只是揭开了真正论争的序幕,概括地说,它必须遵循命题逻辑自明的形式原则。如果对立学派所持的不同理论事实上指向同一知

识对象,论争过程在逻辑上一致,那么,论争结果必定是决定性的、客观的证明,这些理论之一是真的,而其他的是假的。

因此,构成言语逻辑的符号关系规范的发展,主要应归功于公元前5世纪以来的科学家,他们执行着真理战士的功能。由 144
于那些逻辑专家的努力,他们的工作得到了完善,逻辑专家们认识到,平常说话中的言辞难以被精确规定并一贯地加以使用,因而他们试图将其替换为人工符号。以往曾对此做了大量尝试,但最终在现代符号逻辑中达到了极点。

然而,真理战士仍在发挥着更为深刻的影响,影响着知识这一概念,因为他们向学派灌注下列信念,即由逻辑原则制约的符号系统结构,与用这些符号表达的知识系统结构是相同的。由此产生了以几个学派为代表的一种认识论原则,按照这种原则,作为真实的、系统化的知识,科学不是别的,而是符号系统。

纵观学术知识的历史,尤其是一般哲学史,我们发现,一方面真理战士们的知识倾向最终呈现出有趣的没有目的性的离散状态;另一方面,真理发现者、组织者与贡献者之间却出现了联合趋势。学者之争的后果越来越限制了明显的理性确定性的范围。不仅那些各学派分别公认为系统之自明第一原理的理性真理,甚至那些对立学派在一定阶段也认同的理性真理,都或早或 145
晚地受到了质疑。在这种情形中,有必要显示这些真理的有效性,通过将它们从其他更为基本的(最终变得可质疑的)真理中演绎出来，从而为其提供证明；或者承认它们仅仅是假设，在逻辑上允许接受或拒斥它们。随着时间的推移，便不再有任何智力洞察力被迫承认的真理了，因为它们缺乏演绎知识体系据以建立的明显的理性确定性。在努力进行建设性批评后，数学的理性确定性得到了挽救，但这是以本体论内容为代价的，即消除所有可能用作关于客观现实之知识体系的第一原理的“真理”。总之，这意味着，数学是绝对确定的，仅仅因为它是逻辑的延伸。

事实上，科学系统化之形式原则的明显的理性确定性仍然存在，它独立于系统据以构造的基础的确定性。但是，当康德、费希特及其追随者以这一确定性为基础构造哲学体系时，现实被设想成由理性知识的形式决定，而理性或纯粹主体，作为这些形式的综合统一体，成为绝对(the Absolute)，但是另一个真理战士之间的斗争过程，使这些最后的、至高无上的建设性的学术努力失效。因为在这一时期末，在最近五十年间，符号逻辑达到了前所未有的完善程度；而在其批评者看来，这些归纳知识体系与所有其他
146 至今构造的体系一样，充满着逻辑错误。的确，只有归因于所谓的逻辑错误，他们才能在形式原则的掩盖下，跨越各种各样他们的哲学建基于其上的，关于理性的虚假真理。

今天，以真理战士的观点来看，知识领域的一般境况十分简单明了。在陈旧的归纳体系的废墟之上，出现了一个绝对真的体系。这一体系正由这样一些学者构造，对于他们来说，科学就

是受符号逻辑支配的符号体系。而这些学者又形成了几个学派,他们在某些次要观点上仍有争执,但在一个基本点上是一致的:他们是历史上唯一无可置疑的绝对真理的承担者,他们受命构造第一个,也是唯一一个关于世界的明显确定的理性知识系统。但是,这仍然是一个未来的问题。在目前,当除了他们自己的知识以外,没有真正的知识的时候,他们所知道的全部真理——如果他们真正知晓某些东西的话——就是那些他们能够以绝对的确定性从中演绎出来的东西。

从学术观点来看,幸亏绝大多数学者不熟悉,也不想熟悉符号逻辑。因为无法从文字上加以证明——因为他们缺乏这方面的训练——他们怀疑某些地方出了问题,问题不在于符号逻辑
本身,而在于把符号逻辑作为至高无上的真理标准应用于知识。 147
这一怀疑似乎通过某些老式学者的观察发现得到了证实,即无论何时,当符号逻辑方面的专家试图解决理论问题而不是他们自己的问题时,比起学术知识方面的大师来(符号逻辑专家声称这些大师的理论已被否证),仿佛显得十分天真朴素。的确,他们至今也没说出任何胜过前人的东西。

折中主义者与知识史学家

学术斗争这一智识气氛,容易导致折中主义者的出现,他们

在每一个学派中都发现了某些真实的东西，但不愿认同任何一方，因为怕遭到对手的攻击。折中主义者希望扮演在学术观点上不偏不倚的裁判官角色。但是，没有一个具有生命的学派会承认这一角色，正像一个具有创造力的艺术学派不会承认"公正的"批评者的权威一样。

折中主义者经常附带扮演另一角色，并获得所有学派的赞同。他们必须是博学之才，知晓古今各种学派的教义。当然，每一个学者除了自己的教义之外还必须通晓其他学派的教义的精髓，因为这与他的主题有关。但是，随着知识的累积，搜集有关信息成了一项长期而艰巨的任务，一般公认可以使用这些搜集
148 起来的信息。于是，出现了知识史学家角色。起初，他只是其他人的思想与观察结果的搜集者，通常以"公正的"评价判断点缀其间。然而最后，客观地决定历史事实的任务，充分重建与诠释过去的理论，使它们免于被忘却或误解的任务，以及追溯与解释知识的历史进化的任务，导致了特殊的理论问题；历史学家从仅仅是其他人寻求真理经历的记录者，变成了真理的探究者，而且有了自己特殊的科学探究领域。这是近期才出现的现象，虽然已有一大批著名代表人物，我们经常引用他们的著作，如格罗特（Grote）、泽勒（Zeller）、冈珀茨（Gomperz）、于伯韦格（Überweg）、文德尔班（Windelband）、德·康多尔、康珀拉（Compayré）、林恩·桑戴克（Lynn Thorndike）、巴里（Barry）、雷

伊(Rey)、格兰尼特(Granet)以及其他许多人。

知识的传播者

长辈向年轻一代学者传授知识,总伴随着在非学术群体间一定量的知识传播。宗教学者把宗教知识中的神秘成分在世俗人中加以扩散,这种扩散直接进行,或者以在神学院受过训练的宗教行动领导者为媒介。世俗学者对非宗教知识的传播不仅沿袭了这一习俗,而且以前所未有的程度将其发展、扩充和制度化。世俗学派在社会中的地位,缺乏以神启或灵感为基础的宗 149
教权威的声望,这种地位可以通过获得统治者和(恰好对学术感兴趣的)有权势的人或公众的支持而获得和维持。随着政治,以及更一般的社会民主化进程,公众支持显得越来越重要了;况且,一旦获得了社会地位,它就保证会为学者提供比公众舆论无法控制的帝王与富贾不可靠的恩惠更大、更持久的独立性,以便让他们安心从事科学工作。因此,获得社会地位的方式就是广泛传播对学术起码的理解与尊重。

这种工作需要花费很多精力;虽然从社会角度讲它很重要,但它在科学上却不具有生产力。因此,活跃在上述角色中的学者,很少想去执行这一角色。在较老的学派中,这一角色往往暂时委派给至今未曾获得高水平学术成果的人担任;或永久地委派给那些无望对学术知识做出重大贡献的人担任。这样,知识传播者这种专门角色便发展起来,在现代社会,其社会重要性日益增加了,数量也增多了,到目前为止,其数量已经是从事科学生产的学者数量的几倍。

150 知识传播者有两类:(1) **普及推广者**(popularizers),他们在实际参与有组织的社会的成年人中扩散科学信息,并力图唤起他们的理论兴趣;(2) **教育者**(educating teachers),他们在普通教育过程中把知识传授给年轻人,为他们未来成为有组织的社会中的成员做好准备。最近,随着所谓成人教育的发展,开始出现了第三类,即中间类型的知识传播者;但由于其模式至今仍模糊不清,无法单独加以分析。

(1) 理论知识的普及推广者肩负着艰巨任务,因为他必须唤起那些主要生活兴趣已经定型,讲求实际的人的理论兴趣,这些人需要(如果他们感到有必要获得更多知识的话)技术专家与圣哲向他们提供实用知识。他无法改变他们的兴趣;因为他与他们的接触,无论通过语言还是文字,都不足以紧密或持续地施加深刻的个人影响;同时,他没有任何强有力的社会工具使他能够随便做主,改变别人的生活道路。他们倒有可能使人们看到他们实际希望获得的有用信息具有更为深刻的理论意义:这通常是现代物理学、化学、生物学、心理学、社会学与经济学理论的普及推广者的工作。但是,即使是这种唤醒激发工作,也已经太远离实际情况，使得普及推广者的工作对于行动者而言仿佛缺少真实的必要性。如果行动者需要更透彻地理解他在自己的职业领域中所面临的问题，他将不会在流行的一般理论中寻找办法，而是在专门的技术知识中找到途径；如果他真的碰到了职 151
业领域之外重要的难以解决的问题，他不会去向普及推广者学习理论知识然后亲自应用于实践以解决问题，而是请一位专家代劳。

普及推广者真正激发并使人满足的是对知识的**业余**兴趣。[①] 业余兴趣有多种多样的形式：寻求新信息的单纯的好奇心；在实验中应用理论的带有半玩耍性质的兴趣；被迷人的问题吸引；想亲自去重新发现熟知的经验材料的理论意义；希望对现有知识做出一定的贡献；部分从知识上，部分从美感上满足于不断理解复杂理论体系的内部结构；希望通过沉思获得关于宇宙基本秩序的一般概念，而不是被动接受的神圣教条。

业余知识（amateur knowledge）显然需要最低限度的闲暇时间。过去这几乎完全限于富人阶层；上世纪之交迅速扩展到其他阶层。如果我们以与此前同等的速度加大对自然能量的控制，使用节约劳动力的工具，文明社会的大部分人就会马上享有

① 从中世纪流行的论述知识的书籍中，可以侧面了解到中世纪业余爱好者的情况，例如，参见朗格洛瓦（Langlois）：《从适于世俗的法文著作获得关于自然界与世界的知识》，此书是系列丛书“中世纪法国生活”（*La Vie en France au moyen-âge*, Paris, Hachette）之一。比较后期的情况，参见奥恩斯坦的观点，同上。

充分的闲暇时间。这些闲暇时间中究竟有多少被用于业余知识,部分依赖于普及推广者挖掘并利用上述各种业余兴趣的能
152 力,也许甚至更主要地依赖于所有知识传播者持续不懈地努力,以提高追求科学这一实际上公正无私的活动(与在闲暇时间进行的其他活动相比)在公众中的声望。

普及推广者的工作要想成功,必须在很大程度上偏离那些真正学术的标准。这一点一般受到人们承认;而学者,尤其是高等学术机构中的年轻一代学者,都不被鼓励做很多普及推广的工作,以免影响他们的智识训练。另一方面,普及推广者必定对科学文献产生了一定影响。许多学者都力图使高水平的思考与表达思考结果的清晰性和简明性协调起来。在传统法国学术中,两者达到了最有效的协调,在那里,理论工作遇到的所有困难与麻烦都不进入大众视野,比如烹饪科学只有专家才感兴趣,而向普通听众或读者提供的是经过完整加工、易于消化的东西。

(2) 尤其在现代文化史上,比普及推广者重要得多的角色是儿童与成人教育机构中的教师,那里的学生不是为学术生涯,而是为一般地参与社会生活做准备,虽然其中少数人可能专于
153 知识并因此成了学者。为了充分理解教师这一角色,必须区分两类学校,一类是我们至今一直研究的学术性学院,一类是普通教育学校。在古代,前者的典型代表是古典时期的哲学学派和古希腊时期的亚历山大里亚博物馆;后者是一些教育中心,孩子

在那儿获得体操、军事技能、音乐与诗歌、阅读、写作和计算方面的训练。在现代，欧洲大陆的大学和美国大学的研究生院明显属于第一类，欧洲与美国的小学与中学属于第二类；而美国的学院代表中间类型。奇怪的是，“学校”一词的通常用法几乎丧失了第一种意义。在不列颠与美国的百科全书中，在这一词条下很少（如果说有的话）提到学者和学术这些字眼。

当然，博学的或“学术的”学院也执行教育功能，初学者正在为一定的社会角色做准备。但是，准备的目标完全是智识上的，并唯一地定向于这样一种人，这种人在其职业角色中特别需要具备比其他社会行动者水平高得多的智识工具。世俗大学是成熟个体的聚合体，教授占据着权威地位。虽然像其他社会群体一样，教授对其成员的行为施加一定的控制，但他不想在身体上或道德上去教育他们，指导他们的个性发展以便适应于社会参与，因为，所有这些都假定已经在他们的少年和青年初期完成 154
了。使教授与学生结合成一个群体的是知识之类的东西——理论的、系统有序的、绝对真的学术型知识的开发与延续正是群体的主要任务，也是它的主要存在理由：如果停止执行这一任务，它也就不再是高等知识教育的中心。不论刺激特定个体寻求进入这一群体的心理动机是什么，只要他们是群体的成员，就必定接受知识是最高的普遍价值这一共识。

换句话说，高等学术学院执行着教育机构专门的社会功能，只是因为它的主要活动不是社会活动而是科学活动,它的目的不是维持社会秩序,而是对维持作为(自身具有无上价值的)超社会文化范畴的知识做出贡献。于是,每一位成员的主要责任就是共同担负起维持知识的活动,即使当他只是一名学生时,他也要忠实地吸收传授给他的很少一部分知识。

相反,普通教育学校作为现代社会的一个机构,直接为维持社会秩序服务——无论是传统的静态秩序,还是或多或少动态的新秩序。他们培养年轻人和社会上不成熟的人,使他们走向成熟,扮演起社会成员的角色,并与现今已成熟的成员合作共
155 事。学校给予的教育补充了每一位学生在家庭获取的那部分教育,因为初等教育功能是亲子社会关系的一部分。个体接受的教育全过程分为几个不同的过程,在这些过程中,受教育者获得社会要求其成熟成员必须具备的各种专门技巧与能力,而专家在教育中被认为比双亲更能有效地传授这些东西。

在普通教育学校传授给学生的这些技巧与能力中,有些是理论学科。年轻人在其智识成长过程中被传授了某些分支的学术知识。知识的内容由教师预先消化好,知识的系统化形式与年轻人理解上的心理可能性相适应;但是,这些仍然是理论知识,脱离实际应用,被认为是绝对真实而有价值的。

普通教育学校不会为了自身去发展这些理论知识,而只是从学生的需要出发去教授这些知识,学校希望学生从中获得一

定量的信息和一定程度的智识能力，这些正是将来的社会成员
角色所需要的。在把学校组织成一个群体并意识到它的社会环
境的过程中，很少区分学术“科目”教师，训练学生有用的技术
或体育技能的教师，以及监督指导学生行为的道德教师的角色，156
他们一律被认为是在致力于年轻人的进步与将来的社会福祉。
然而，事实上有一个根本性的差别，因为教授纯粹知识的教师是
连接普通教育学校与高等学术学院的唯一纽带。

有时，教师（即使只是以初学者身份）与学者群体发生联系，这些学者永不停息地追求绝对知识，毫不放松地要求一旦发现绝对知识，就要永远将其保留下来为后人所用。像大多数经过一段时间学习而后离开学院从事实际工作的学生一样，教师与学者群体的联系不会在吸收了传授给他的知识之后就告终。为了充分回报学者优先允许他共享他们的知识财富，教师不仅终生服务于社会，而且也服务于真理。他在青年人的大脑中植入真理知识的种子，使他们看到真理知识的绝对有效性，他远远超出学术学院的范围，号召人们尊重真理，尊敬真理的承担者。他是在民主社会中支持纯粹公共知识的人们中的一员。

让我们现在再做一番哲学上的评价而不是社会学研究。首
先把对待过去的世俗知识的肤浅偏见——实用主义的或实证主
义的——撇置一边，并且不要走入歧途，误认为因为现代学术已 157

经融合了最近三四百年间科学研究的伟大成果，因而植根于学术学院的知识的内在结构根本不同于牛顿之前的知识结构。绝对真理的观念、科学发现与贡献的演绎系统化、指导在不同理论间进行选择的否定性原则：所有这些仍然或明或暗地主宰着那一类知识，大部分行业里教授这类知识以便继续开发它，并将其传授给学生，所有忠实的、勤奋的学生都愿意接受这种知识教育；知识传播者在成年的业余爱好者和年轻的初学者中间，以同他们的非学术理解能力相适应的方式向他们传播这些知识。深受现代创造性探索的新精神熏陶，面向科学的未来发展而不是盯着既有结果的方法论者，肯定会拒绝这些经典学术标准与原则的束缚。但是，文化哲学家必定认为，世俗学者们给人类带来了极大的恩惠。

世俗学者使理论知识成为一个完全自主的客观知识文化领域。虽然宗教学者的知识已经在精神现实的王国里具有至高无上的价值，然而它相对于个人的或集体的主观实际趋势的独立
158 性，只有在它被并入宗教体系并附属于神秘教义时才得到承认。世俗学者长年累月地奋斗，为的是使世俗理论知识充分独立，只受自身固有的有效性标准支配。在斗争中，他们的对手并非仅限于精神武器；他们之所以会名留青史，不仅因为他们取得了最后的胜利，也是因为许多战士在为学术自由奋斗的过程中显示出了英雄本色。但是，如果世俗学者并不认为他们——而不是

宗教学者——才是绝对真理的占有者，不相信任何声称是知识的教条——无论它声称自己来源于何处——都应按照其自身的理性证据标准和逻辑一致性加以判断，并且如果无法证明其真实性就应指斥其为虚假，那么，他们就绝不会如此持续地战斗，就不会做出如此大的自我牺牲，也就不会取得如此辉煌的胜利。

这并不是说世俗学者的工作只具有历史意义，在知识进化过程中发挥过作用，已属于无法挽回的过去。他们所构造的理论体系仍然存在，每个人都可能得到它，那是历经二十五个世纪积累而成的一笔丰富的文化产品。我们现今经常在科学家乃至知识史家中间发现这样的假设，即为了公正地对待过去的学术成就，从总体财富中选出那些仍能被现代科学判定为有效的东西，即那些为后来的发现与归纳概括所证明，并且部分地预见了某些现代理论的观察，就足够了；其余的东西只是一大堆奇异的历史材料。这一方法非常古老，代表了折中主义学者的特征，但 159
长期以来一直遭到其他学者的蔑视。一个学术体系不可能分割为各部分而不失其同一性，离开了整体，各部分就失去了理论意义。黑格尔说，“知识只有在作为体系时才是真实的”，他自己的体系就是学问的一个缩影。任何想理解别人学术思想产物的人，必须按照别人的思路重现其总的成分与结构。折中主义与对过去知识的重建道路之间的区别，在两位著名史学家的著作中得到了很好的阐述，他们是阿贝尔·雷伊和莫里斯·格兰尼特。对前者来说，只有那些预见并推进了物理数学的人，过去的思想与成就才是值得考虑的。

值得做出重现的努力吗？这一问题有两个方面：客观科学的一面与个人的一面。我们可能有点迷惑，在人类思想史上其地位已被新理论取代的过去的体系，是否留下了客观科学的一面，或者完全与新的科学进步无缘？我们试图在下一章中表明，现代科学家-研究者正在形成的新的知识概念是如何解决这一问题的。然而，无论答案是什么，可能都要提出一个问题，即研究过去的知识体系能否对现代科学家个人的智识发展有所助益。我们毫不迟疑并且铿锵有力地给予肯定的回答。智识视野
160 局限于当时存在于他自己狭窄领域内的问题的专家，在创造性的领导者的激励下，可能做出某些有价值的工作，这些工作成果被别人利用，从而对科学进步做出了贡献。但是，没有一个人能成为真正有创造性的科学家，如果他不是一位受过系统性、批判性思维方式训练的思想家，如果他没有意识到自己的工作，无论多么重要，只是过去、现在和将来的无数工作者大量的、艰苦的、多样的和稳定增长的生产中极小的一部分而已。

学术知识对个人智识发展的意义问题，把我们带到了也许是学院和学者最重要的历史功能上来。他们在文明社会最先提出并传播激动人心的信念：人，单独的个人，这个在物质生活上离不开自然环境，在精神生活上离不开社会环境的短暂存在者，

能够在没有任何神的恩赐或神灵的帮助下，独自在思想中达到绝对，发现世界的终极本质与人类自身的本质。这是幻想，却是一种崇高的幻想，而且，上述信念的结果绝不是虚幻的。因为如果这就是真实知识的本质，那么，占有真实知识或公正地追求纯粹真理，对人类来说具有超凡的价值，它赋予人类内在的优越性，远远超出无知者与知识的蔑视者，无论这些人多么有权势，在实际生活中多么有影响力，也无论他们多么富有。真正的学者在日常生活中不拘小节、健忘、逃避政治斗争、满足于清贫的 161
经济状况，是不足为怪的。

但是，这并不意味着学术知识使人不适应实际生活。相反，成功地追求纯粹真理而不顾实际用途的人——其知识按严格的理论标准加以系统组织——如果他把思维转向实际问题，将比那些只为实用而学的人能更好地解决问题。

尽管在其他各种信念上仍然存有争论，一些观念却正日益渗透到各级学校组织。认为世俗理论知识是个人文化的最重要部分，认为个人文化提高了人的内在价值并使其对社会更有价值，这些信念在下列事实中表现出来，即民主化进程——美国比任何其他地方更民主——处处伴随着广泛拓展高等知识教育，允许大众不断分享公正的一般知识。学者们主张，获得系统的理论知识，比那种仅仅把知识当作工具的教育，能更好地为实际领导工作提供知识准备，这导致了职业角色的预备训练日益学术化。在法律、医学、外科、军事与民用工程、建筑、农业、林业、畜牧业、财政、商业、外交、社会工作等方面，重要的、需要担负责
162 任的功能主要（如果不是唯一地）被委派给这样一些人去执行，这些人在青少年时期接受的大多是理论教育，与未来的职业关系甚少或完全没有关系，之后接受了几年学术指导，在其中实用知识被当作系统的学术知识体系的一种应用。

如果职业角色培训仍掌握在讲求实际的人手中，上述情况就绝不可能发生，因为，最近七八百年以来，讲求实际的人不断抱怨，在他们获准参与实际生活之前，为了竞争职业角色而在学术学院获取的知识是无用的。无疑，讲求实际的人在一方面是对的；因为在学术学院中传授的系统知识，根本不同于一个人为了胜任职业而必须获取的那种知识，但是，如果讲求实际的人始终按自己的意愿去做，那么职业教育就会停留在中世纪工匠阶段。事实未能如此，因为所有教学日益受到世俗学者的控制，他们相信，虽然知识本身不是力量，但它能提供力量，因为（也只是因为）它是纯理论，是一个客观的真理体系。人们要想有效
163 地控制现实，必须先真实地认识现实。

第四章　探索者：新知识的创造者

新模式的出现

知识史上所有的新发展，都要归功于科学家们在其社会角色中，做了比他们的社会圈子对他们的要求和期望更多的事情。

在技术专家当中，某些领导者冒险迫使或诱使其追随者参加困难的、成败难卜的集体任务，某些专家提出并解决领导者不太感兴趣的实际问题；自由发明家硬挤进别人不情愿让他进去的社会环境，干扰新的工艺行动模式。通过这种自发的个人努力，技术知识才得以从后石器时代的水平发展到今天的水平。

在圣哲当中，有少数人不是仅仅去证实群体的现实趋势，并与其对手斗争，而是提出文化理想，作为评价的标准和行动的向导，结果，他们开辟了人类通过反思而努力走向文化进化的道路。

164 某些学者,不是仅仅接受并传授学派的传统教义,而是发展、组织、扩充它,或成立新的学派;以这种方式使知识系统化、客观化,使知识的有效性独立于任何外在要求,完全建立在自身的理性及理论秩序基础上。

或许每一个其他文化领域的发展都与上述过程相似,即一些个体在各自的专门角色中做了比社会期望于他们更多的事情。这通常(但不一定)会使他们卷入与其社会环境的冲突之中:至少,不是所有的创新者都是造反派,也不是所有的造反派都是创新者,这是显然的。

现在,我们来看一个十分有趣的现象,也许除了现代诗歌与艺术之外,目前还没有先例和对应物。我们发现,个别科学家专于做(比方说)未曾意料之事。可以用**探索者**来称呼他们,因为他们正在知识领域中探索通向未知之路。一开始,他们的行动大多离经叛道。然而,其中有些人力图使这类活动被纳入常规社会功能的轨道,并构造一个新的科学家社会角色模式,这意味着知识本身有了一个新的概念。只要他们彼此保持隔绝状态,他们就成功不了;但随着交流工具的增多,他们的人数缓慢地增加了。最初的创始人在各个智识中心寻找伙伴,终于在每个科学领域形成了探索者的世界团结(solidarity)。

165 因此,目前从事这种活动的科学家可以发现人们对他的角色的理解和承认,至少在同行范围内如此。在技术专家和学者圈子内，他的功能通常在事后才得到承认，也就是对他的探索结果的事后认可，表明其具有实用价值，或是久经考验，从而被认为合理地具有确定性，适于教授给学生。而在社会中，知识的普及推广者努力在其成果周围编织起令人激动的创新的光环，设法激发人们对某些结果的兴趣，虽然这种兴趣会像时尚和狂热一样很快就消失殆尽。

然而，只有少数几个专门为了科学研究而组织起来的机构，承认探索者是不同于其他科学家的角色，并给予他们独立的地位。通常情况下，除非他继承了一笔遗产或得益于富翁捐助，否则他只能扮演技术专家或学者的角色，而在闲暇时间沉溺于他的科学探索。提供给他的物质设备与经济来源是他的领域所必需的，主要用于技术开发或教学，只有在达到这些目标之后才可以用于个人的自由研究。但即使这样也比不久以前有了巨大进步，那时在技术或学术圈子内明确规定不要探索者。

比探索者的功能与地位概念更为模糊的是，这一新角色所必需的个人资格概念。在学术传统中，对科学思维的研究一直局限 166
于演绎系统化和口头争论中所显示的知识活动；即使这些研究也只是从它们与演绎逻辑规则的一致或冲突角度进行，之后才逐渐与符号逻辑结合起来。在现代，归纳思维受到广泛关注，但即使如此，大部分研究也只是集中于归纳研究的逻辑有效性问题。逻辑学家在科学逻辑（界限清楚、秩序井然）与知识心理学（一门界限不定、秩序混乱的学科)之间划出了一条清晰的界限,据逻辑学家称,知识心理学与有效性问题没有任何关系。因为现代逻辑学,如果研究思维,只会研究那种在以精确定义的符号表达的概念之间建立有效关系的思维,因此,所有其他人类知识活动(包括概念的形成)就留待心理学家或哲学家去研究,如穆勒、纳维尔、冯特、杜威与雷·罗伊。他们一致不承认逻辑学家的这一划分,不管他们彼此间的理论分歧有多大。

但是,心理学家与哲学家至今还没有在不同类型的科学思维之间做出清楚的区分,不同社会角色的科学家都需要这些科学思维,并在他们为职业角色做准备的过程中以一定的方法对其加以发展。例如,冯特的理论(他在三卷本《逻辑》中阐明了这一理论)以学者,尤其是组织者和贡献者的思维为基础;杜威
167 研究了技术专家的思维类型,把它当作所有科学思维的典型。关于理论探索的智力活动的大部分研究仍然极为模糊,尽管现代科学的每一步重大进展都要归功于这种活动,它也因此引起了人们极大的注意。①

找到这种模糊性的原因不会很久远了。智力活动必须参照

① 皮卡德在上面提过的那本书中,对创造性科学思维所涉及的心理学过程给出了也许是最完整的分析,虽然他没有把詹姆斯与杜威的贡献考虑在内。至于科学创新的社会因素,他引用雷伊的话:“发明的社会因素这一问题绝不可能十分清晰,随后所做的所有实证工作对此也无能为力。”雷伊把泰纳(H. Taine)用于解释艺术的公式(种族、环境、时代)用于科学,并没有对后一问题做出多大贡献。

科学的客观结构（智力活动就是科学结构的一部分）加以研究。探索性思维——虽然其零乱的基础可在老学者、技术专家甚至圣哲中间看到——实际上是一种新型的科学思维，也许至今还未达到充分的发展状态。与其他类型的思维相比，探索性思维基本的、独特的特征，除非联系探索者正在创造的新型知识的客观结构加以考虑，否则无法揭示。即使在探索者当中，也只有少数人充分认识到他们的集体工作所具有的所有革命性意义。这一新型思维的标准化工作远未完成。创造性思想没有“逻辑”， 168
现有知识的系统化有一定的原则，相比之下，探索新知识没有原则可循。方法论著作主要包含处理材料的技术性规则，如比较观察、实验或数学运算的规则。并且，我们完全缺乏教育方法，以便为未来的探索者做好准备：我们无法回答下列问题，即某些在学术学院接受教育或在技术专家指导下接受训练的人，为什么和如何成为有创造性的、独立的理论探索者。

事实的发现者

科学探索的第一阶段是寻找新的、未曾料到的事实，也就是说，寻找科学家至今未知、在他们的理论中未曾预见的经验材料。许多探索者就停留在这一阶段；他们把发现新事实视为最重要的科学成就。

可以称他们为“事实寻找者”(fact-finder),如果不是含有轻蔑意味的话。“事实发现者”(discoverer of fact)这一词语是非评价性的,除此之外,还有一个优点,即能表现出探索性科学活动与“真理发现者”的学术功能之间的相似和差异之处。

在每一门归纳科学的历史上,都有一个广泛搜索未知材料
169 的时期,同时也是在知识上反抗公认的领导者与专家的稳定的技术、反抗官方圣哲的自我确证的智慧,以及反抗学者传授的绝对真实的教义的时期。

这些科学家中的每个人都希望获得“新的”事实,获得未曾观察到的,恰好就是他们所希望的那种事实。他必定预先知道这些事实的基本特征,因为他希望在履行功能过程中所遇到的全部事实能有助于实现他的任务;或者至少他想确定,没有一个事实会干扰他实现任务。

技术领导者希望获得可供利用的现实知识去制订计划,并控制计划的实现。如果他的计划完全不确定,他就可能欢迎任何形式的新事实。但是他不能这样做:因为他的社会角色明确指向其领导岗位,限制了他的计划范围。他的计划必须与行动的社会条件相协调,遵循一定的模式。在他的活动范围内发现了未曾见过的事实,可能表明他的活动没有像他及其同伴所认为的那么理性,表明他所选择的手段是不经济的,表明他的成功必定归于有利的环境条件而不是周密细致的计划,或者表明在

实现计划过程中紧随着出现了一些不受欢迎的,至今未预料到的副产品。任何这类发现往往都会损害他的地位,或者被其对手或竞争者利用,制订出比他更有效的计划。至于技术专家,由于他们专门研究的类型由掌权人想要了解的东西所决定,因此 170
对他们来说,沉溺于寻求新材料而全然不知道他们会找到什么东西可能是非常危险的:他们可能发现了从掌权人的观点来看最好继续使其不为人所知的事实。许多专家由于做出这类不受欢迎的发现而大受其苦。

如我们所见,圣哲需要的只是在发生社会冲突或反对对手时能用来为自己一方提供论证的事实。意料不到的事实可能反而提供了材料,为对方利用来反攻自己。如果是对方亲自发现了这些事实,倒并不太糟糕,因为他们所知片面,并且他们的事实证据可能在那个基础上被证明为无效。但是,公平的观察者所发现的事实就不可能如此轻易地清除。因而,社会领域中不偏不倚的未知事实的寻求者反倒被双方都视为不可靠的人,不管其中哪一方获胜了,都几乎会像对待意识形态的对立面一样小心地禁止自由中立的观察。

学者,尤其是世俗学者,不反对意料不到的新事实,只要学派体系处于发现新真理和初步系统化的形成阶段:他们甚至欢迎新事实以阐释或例证新的真理,或帮助发现原有学派存在的错误;也不存在下列危险,即经验证据可能被证明为建造体系的

171 障碍，因为体系将由理性证据加以诠释。比如，我们知道，亚里士多德在大批助手的帮助下，长年累月地在各国搜集材料，孜孜不倦地探求未知的生物学事实。大阿尔伯特是圣·托马斯的老师，他以事实探索而著称；笛卡儿亦然。19世纪的科学家们，即使始于探索者，在成为学派的奠基者，并构造他们的知识体系时，也都急于寻求新的事实：如冯特在心理学中或赫伯特·斯宾塞在社会学中都使用了大量的材料。

然而，随着体系逐渐稳定与扩展，对意料不到的新事实的探求不仅减少了，而且越来越变得不受欢迎。如我们所见，贡献者必须注意到，学派知识领域内以事实为基础的概括应可还原到这一知识体系。归纳“似真”概括，如果这样被还原了，就被接受为确定的真理，也即必然和普遍的真理。因此，系统的稳定化与不断拓展意味着，学派正致力于扶持日益增加的关于经验事实的概括，把它们当作绝对真理加以接受。意料不到的新事实可能与某一经验概括不一致而否证了它，因为一个必然的、普遍的真理不可能有例外。挽救的方法是以必然性和普遍性为代价：用“某些S是P”去代替“所有S是P”。但这意味着企图把经验概括还原为演绎系统的理性证据真理是一个错误；因而打断了演绎推理的链条，使系统不可能在这一方向进一步拓宽，而
172 如果学派假定所发现的例外只是表面的，能够用某些至今未知的普遍真理加以解释，那么他们是在冒险，因为未知真理一旦发

现就会与体系发生冲突。学派一般只欢迎推翻其他学派理论的事实探索。

于是很明显，事实发现者一方面自由探索未知领域，另一方面却在具有严格管制的传统角色的科学家圈子内没有地位。他可能是一位孤单而独立自在的人，对职业传统不感兴趣，或是反抗著名的学术权威。仅靠好奇心或冒险的意愿都不可能导致这些情况出现，单有好奇心不会使人探求客观上的未知，探求尚未被其他人观察到的事实：相反，倒是在社会交往过程中，当他从其他人那儿获知他不知道但他们知道的材料时，才会受到激发。至于说“冒险精神”，它的确能把人引导向未曾探索的领域，但所探求的不是可供科学利用的客观事实，而只是异乎寻常的个人体验。旅游者、野外狩猎者、探矿者、拓荒者和殖民者都不是科学探索者。

在事实探索中，其他倾向必定也很活跃。孤独的自然观察者如法布尔或梭罗，或文化观察者如那些考古学家和人类学家，他们最早开始对各种过去的或外来的文明进行大量研究是由于
热爱他们所研究的事实领域。思考、研究过程中每揭示一个新 173
现象，都会使他们产生一种美学上的快感体验；并在激动之余，意识到他们的领域具有无穷无尽的财富，它能揭示无数奥秘，为新的发现提供可能性。这种挚爱会涌出一股神秘的热情，比如布鲁诺虽然被视为叛逆分子，却仍对无穷的经验世界怀着挚爱之情，

对他来说,经验世界提供的奇观,可以令人们永远地思考下去。

我们可能会在事实发现者的生活中发现这种美学与知识上激动人心的现象,尽管在这些叛逆者身上,社会趋势仿佛占据支配地位。事实发现者很希望甩掉专门科学在知识上的束缚。通常他是一位不走运的技术专家、圣哲或学者,不能或不愿与传统要求保持一致;有时他是一位有地位的圈外人士或自学的业余爱好者。然而,他的反叛不只是一个主观不适应的个人问题。这是一个关于他所反叛的科学圈子开发的知识的有效性问题,因而是非人格化和客观的。他试图发现至今未知的、与公认的概括相冲突的事实,从而否定这一知识体系的有效性。

例如,前古典时期的希腊和 15 世纪就是这样反对当时得到
174 神学院支持,并部分地为那时的地理探险所证实的传统宇宙论的;后期的民族志探索经常伴随着对宗教、伦理与政治思想中自满的民族优越感的反叛。历史探索的第一个原因常常就是反对将现有社会秩序加以升华的神话传说;以后的历史学教条,如在学校里传授的东西,对过去历史的图式化的、理想化的重建,为诋毁学术权威提供了机会,后者揭示了与这一重构根本冲突的历史事实。就是现在,“揭人之短”有时也是历史事实寻找者的主要目标。

对 15、16 和 17 世纪期间遍布欧洲的新的或被遗忘的天文学、物理学、化学和生物学事实的广泛兴趣,很大程度上显示了

对所有学术知识的普遍反叛，尽管各学派差别犹存。那些由博学者组成的学派意识到了这一点，因而尽其所能极力反对事实探索的潮流。

自 19 世纪中叶以来，在心理学、社会学、经济学和政治理论领域，一直有许多事实发现者在积极活动着。心理学一直是一门学术性学科，是一般哲学的一部分，尽管最近已走向专业化，但它曾经支持了新理论的学术稳定化倾向。社会学和经济学始于一个极其贫乏的阶段，当时这些领域主要是圣哲的天地，并仍在为它们被承认为客观学术知识的分支而斗争，它们力图建立以理性证据原则为基础的知识体系，以便获得人们的承认。政治理论，虽然自柏拉图以来就被公认为学术传统的一个重要部 175
分，但为实现民主、实现社会主义而进行的斗争却表明它依赖于政治意识形态，远离了理论的客观性。这些领域中所进行的每一次理论系统化的尝试，都带来了对立面，而这些对立面首先就是以探求可能否证此体系的未知的、意料不到的事实来表现自己。

反叛的事实发现者本人不会是体系构造者；他不想用新理论去代替他所推翻的理论。因此，他发现很容易为其他未知事实的寻求者所承认，因为对他及其同伴来说，事实是客观的经验材料，不会彼此冲突。对客观材料的主观体验可能不一致；但事实发现者并不是前学术时期的素朴经验主义者。只有那些所有合格的观察者都同意的材料才构成科学材料，并能成功地用作

客观的经验证据，以反对学者用以毁谤原始经验主义的理性证
据标准。因而，事实发现者一直对科学观察的标准极感兴趣。
事实上，这一标准的形成，包括工具的发明（借助这些工具，人
176 类感官观察能力得以放大，个人体验的‘主观’变量得以消除或
变得可以测度），构成了事实发现者的主要历史成就。

如果观察恰当，事实——如他们所述——将永远是一个事实。新发现者可用其他事实，甚至更精确、更详尽的观察结果去补充它，但他们无法否证它。事实就是在任何知识领域都确定不变的东西。事实发现者反对旧理论，不愿或不能建立新理论，于是在他们当中形成了一种指责所有“理论化”行为的常规。

但是，随着未知经验材料的探求者渗透到每一个科学领域，
事实以日益增长的速度无限地积累起来。这些事实必须以某种
方式加以秩序化；否则人们会在浩瀚多样的事实面前不知所措。
在激进的客观经验主义者看来，这一秩序应该非常类似于对博
物馆的收藏品所做的刻画与分类。的确，这种看法代表了一部
分认识论者所形成的知识概念，对他们来说，科学进步（尤其在
最近几个世纪）本质上就是发现新事实。知识的全部客观内容
由标准化观察得到的经验材料构成。科学体系把自身没有客观
有效性的形式秩序引入这一内容，从形式秩序既非真亦非假这
一意义上讲，引入过程完全是任意和武断的。如果说某一体系
177 比另一体系优越，那只是因为它更好地服务于知识定向的目的，

有助于观察者用同样的知识努力纵览数目种类更多的事实，或用较少的知识努力覆盖数目种类一样多的事实。总而言之，科学系统化原则是完全功利的。马赫（E. Mach）及其同伴称之为“思维经济”原则。

问题发现者（归纳理论家）①

科学探索的发展，在科学家的社会角色中达到顶峰，像事实发现者一样，科学家探索经验现实，但是他自我约定的功能不是去寻找至今未知的经验材料，而是去发现新的、至今未曾预料的理论问题，并运用新的理论去解决这些问题。这些新的理论问题可能涉及一直为科学观察者所熟知的材料，也可能涉及至今从未观察到的材料。

我们说“发现”而不说“提出”新问题。因为理论问题是科学的客观问题，而不是某个人或某一集体的主观问题。每一个理论问题产生于把客观的、逻辑上标准化的理论应用于客观的、方法论上标准化的现实之中，并通过客观地修正原来的理论或 178
运用一个完全不同的（也是逻辑上标准化的）理论来加以解决。

① 大量文献涉及本节及下一节所讨论的问题；然而，几乎所有这些文献涉及的是自然科学和创造性地参与科学发展的科学家。作者大量引用了在这一领域工作的方法论者、认识论者与历史学家的成果，如果要表示感谢的话，可能要另列一卷。或许，应主要归功于亨利·彭加勒。

问题发现者并不是科学理性主义的反叛者,正如他在理论建构中表现出来的那样:他所拒斥的是科学中的教条主义,如一定的理论包含一定的客观对象之唯一真实的知识教条。问题发现者反对任何形式的教条主义:社会环境以实用性名义施加于技术专家和圣哲之上的教条;神学院坚持认为他们的教义是真理,因为它们的起源是神圣的教条;以及世俗学者凭借其知识从理性证据中推导出其本体论原则与逻辑形式必然性的那种教条。因为,教条的理论倾向于在其应用领域内关闭可能通向新理论的大门,而探索者则在每一个他涉足的领域看到新的理论的可能性。

当然,科学中的教条主义绝不可能完全杜绝理论问题的提出:总是有一些科学家,他们的思维超越社会中已凝固的理论所设置的界限。技术专家超出社会圈子的需求,自己制定新的理论问题,并提出冒险的解决方案,这通常使他们怀疑作为他们实践基础的旧理论的确定性,然后转而把新的理论假说应用于实践之中,这一应用实际上也是对假说的一个检验。这曾经是巫术型思维逐渐消失的一个因素,并导致了许多有关无机或有机自然界的专门的归纳概括的聚集,正如最近的历史学家充分表明的那样,这为现代科学开辟了道路。然而,理论问题的形成
179 只是技术专家角色执行中的附带现象,这从属于他的实际任务;如果一贯从事这种活动,就会使他偏离技术专家角色。因此,即

使是技术规划与发明过程中出现的理论问题，现今也大部分由理论探索者接管。

圣哲也偶尔提出一些新的理论问题，在心理学、社会学、政治学、经济学和宗教理论中提出一些新的假说；竭力将理论成果与理论的评价性、规范性构造区别开来，只是最近发生的事情。但是，在圣哲的情形中，理论的问题化是稀罕的，这一点不足为奇，因为理论的问题化不仅超越角色范围，而且实际上与社会需求相冲突。正确的东西必定以真理为基础，错误的东西必定以谬误为基础；既然圣哲必须首先对正确与错误加以充分肯定，因此真理与谬误问题在他那儿实际上已经预先解决了，虽然对他来说，要想获得“恰当的”解答可能要花费巨大的努力进行反思与观察。的确，我们在圣哲的著作中只发现了这样一些问题，这些问题被他们公开描绘为肯定已经依照他们的意识形态获得解决了。我们经常怀疑，这种自我欺骗地遏止新思维和不愿面对思想家可能已意识到但害怕碰上的某些新问题，可能会导致得出与他的社会哲学相冲突的结论。因此，18 世纪法国理性主义者好像已经清醒地意识到了文化生活中的非理性，但不愿研究 180
它们，唯恐因此而危及完全理性的新社会秩序这一理想目标。只有所有文化秩序的激进批评者，才会毫不迟疑地提出这一领域没有解决的问题；但是，由于他们大多数也是理论怀疑论者，他们不能解决这些问题，因此，对推进实证知识的发展几乎没有起到多大作用。

怀疑主义这一陷阱,总是使学者担心自己正踩在毫无约束的新的问题化这条危险的道路上。如果真理是绝对的,如果任何知识非真即假,并且如果所有关于同一对象的真理可以联结在一个与逻辑演绎原则一致的系统秩序之中,那么,在某一知识领域的基本真理被发现,它们的系统秩序被确定之后,对这一领域的任何进一步研究都不会提出任何客观上新的问题,即无法凭借从这些基本真理演绎出来的方法来解决的问题。对于一个面对不熟悉的材料或虽然熟悉材料但不熟悉其中某些方面的学者来说,某一问题可能主观上是新的;但经过研究之后,他会发现,这一问题要么不能还原为系统已解决的问题,要么就是一个伪问题——不涉及体系据以建立的对象物。

181 当然,知识的世俗化与新世俗学派的建立两者都涉及提出客观上的新问题,这些问题旧体系解决不了,而新体系能解决。但是,学者角色的基本模式使他不可能持续进行创造性的科学研究。任何使新理论与其先辈的理论对抗的学者,必须指明这两类理论具有同一形式的绝对有效性,并且必须运用理性方法证明他的这一论断。他的理论可能还不完备,剩下的工作留待他的同伴去做,但理论一旦提出,就必须有一个结局。如果在拒斥其他理论的同时,他不能或不愿利用学术知识的标准去确立他自己理论的有效性,对学术界来说这意味着他不承认这些标准,于是他就被烙上了怀疑论者的印记。而怀疑论者将被认为不适于成为某一学院的成员去向下一代传授真理。

因此,从社会学角度完全可以理解,最近三个世纪当中,大多数伟大的理论探索者,当同时代人和后继者把传统的绝对真理发现者角色和无可置疑的有效体系的构造者角色不恰当地加在他们身上时,他们都接受了,因为他们一直在学术性的真理标准之下长大,没有看到其他标准,只是以主观主义或批判经验主义的形式去对所有理论的客观有效性提出怀疑的否定。在发现与解决他们的新问题时,他们面向未来,漫游于未知海洋,探寻于未曾意料之中。但是,当他们必须系统地组织探索结果,并 182
在(使学术传统得以生存下去的)科学共同体面前从理论上证明这些结果时,他们又返回过去,把过去的有效理论的标准当作向导;或者,如果他们不这样做,他们的皈依者会替他们这样做。仅仅几年之前,有一位科学家(现已去世了),他是一位著名理论探索者的信徒,他发展了他的体系,在一次学术庆祝会上,他骄傲地说,三十年来,他发现没有理由改变这位著名理论探索者的基本理论。①

被承认为一门新学科的创始人,其理论被门徒奉为最终的、无条件的真理,无疑是一项殊荣;很可能正是他们的信赖,成为

① 德·格里夫是孔德的信徒,他补充了孔德对科学所做的一般分类,提出对社会科学的专门分类,其中关于经济现象的科学是最基本的。

阻止他深涉未知领域、寻求新问题的一个强有力因素——除非他相信他的理论足以解决这些问题，于是它们就不会是客观上全新的，真正未曾预料的。但在不受社会影响的情况下，还有一个难题，那就是割断与真正的知识这一学术概念的联系。除了科学结果的系统化之外，不存在其他形式的科学系统化。理论探索者有一种现成的、陈旧的学术模式，运用这一模式可以将理论问题的**答案**系统化；但尚不存在将**问题**系统化的模式。我们在前面提到过，大学教科书是使学术系统化持续下去的一种方式。在每一个科学领域，每一本教科书都概要地提供已得到证明的科学研究结果，尽可能地按逻辑顺序（以学术系统的演绎顺序为蓝本）表达出来。事实上，提供的问题是让学生去解答的；但这些问题要么科学家早已解决，
183 要么借助书本中的系统化理论很容易解决；总之，这些问题的结构以学术贡献者解答了两千多年的问题类型为基础。某些探索者觉得这种系统化方法与他们的知识概念不协调，但用在教学中还是合适的，无论如何，他们还没有提出其他系统化的方法来取而代之。结果，我们注意到在科学界，寻求新问题占优势的地方，系统化越来越被忽视，几乎所有科学工作都以专论形式发表。

在学术理想和学术模式强大而持久的压力之下，现代理论科学竟然从经院教条主义中解放出来了，这一现象不易解释。

它可能被视为追求思想自由这一历史潮流的继续，早在世俗学者反对神学学者，为争取知识自主性而进行的斗争中，就显示了这一点。我们看到，世俗学者的斗争取得了胜利，因为他们按照 184
组织化的理性（organized reason）而不是组织化的信仰（organized faith）聚集在一起，用建立在知识和理性证据基础之上的绝对真理标准，共同反对以神学传统为基础的绝对真理标准。只是在宗教不再能控制理性科学之后，才出现了新的历史趋势：通过打破过去的伟大思想家构造的理性体系施加于所有新思考之上的束缚，让知识在预先未知的方向上自由发展。第一步，事实发现者强调经验现实是无限丰富多变的，与干涸僵硬的学术构造程序相比，经验现实以无法预见的方式不断改变着新知识的源泉。

下一步也许要归功于创造性个人主义的普遍高涨，自从人本主义时代以来，创造性个人主义逐渐渗入文化生活的所有领域——艺术、文学、宗教、社会与政治组织、经济企业和物质技术。经验现实为科学家提供了取之不尽的创造性思维素材；新理论是科学创造的产物。这涉及彻底拒斥科学的演绎结构，这种演绎结构在知识的学术概念中是知识有效性所必需的。所有的科学都是归纳的；演绎只是在为归纳研究提出问题时充当辅助方法，而不能作为证实归纳结论的占据统治地位的方法。归纳科学是理论科学，而不仅仅是事实的堆积；但归纳理论必须用

185 它自己的客观有效性标准加以判断，这些是过去的学者所不知道的。

基于这一理论，我们也把现代的新问题发现者称为“归纳理论家”，他用关于体验现实的新理论去解决这些问题。现在，他不再（如他的前辈那样）把自己在社会上的科学地位建立在学者的承认之上，学者往往用他们自己的标准去裁决他的理论；他现在已是世界探索者共同体的一员，这些探索者在未经尝试的理论可能性方面具有相同的兴趣。他发现他所发现的问题激励着学者们的新研究，而他也为他们所发现的问题鼓舞，展开新的研究。

但是——这里隐藏着一个主观上的困难，并不是所有归纳理论家都能克服——一段时间后，归纳理论家觉察到，虽然他自认为他对新的客观问题所做的解答十分有效，却没有使具有同样精神的探索者像门徒接受大师发现的真理一样接受他的答案。他的理论的确可能激发人们的兴趣乃至热情，但是理论越重要，越广为人们知晓和承认，也就越刺激出新的问题。迟早他会发现，常常正是因为他的理论对其他科学家的思维产生了巨大影响，结果他的理论已被某一新理论超越。

这是对人格的一次艰苦考验。归纳理论家能否成功地避免自己思想的教条化倾向呢？与其他探索者一样，他经常在这方
186 面指责他的前辈们。当然，他不会毫不相争就让自己的理论投

降。但抗争的方法是什么呢？他是否会仿效圣哲，推出支持自己理论的事实与解释，而把与其冲突的事实打入地宫？他会利用学术“论争”中的形式逻辑方法吗？或者，他是否干脆进行新的探索，修正并发展自己的理论，使之适于解决他及其对手未曾意识到的问题，从而拯救自己的理论呢？

无论如何，由于每一位归纳理论家迟早都要面临同样的幸运或不幸，因此，创造性科学家共同体正在力图形成归纳科学所必需的理论有效性标准。

对于任何给定的知识对象，没有绝对的、无条件确定的真理。有的只是其有效性依赖于一定条件的真理假设（truth-hypotheses）。随着每一次成功的检验，假说获得了证实，这并不意味着假说接近于成为绝对真理。这只意味着探明了有效性的范围，确定了什么才是理论能解决的问题。另一方面，当某一假说在一次检验中失败时，这并不意味着它是假的。这只意味着我们已达到了假说的界限，发现了假说不能解决的问题，并需要另一个能解决这一问题的假说，与第一个假说联合起来或单独去解决问题。经验不能最终证明或否证任何科学真理，因为我们用于检验假说的事实不是经验的原始材料，而是从问题出发，187
经过选择、重构与标准化的材料。

理论是一个互补的假说体系，借助于它，一整套涉及一系列经验材料的理论问题都能得到解决。理论的有效性不是主观地与思想家相关,而是客观地与其他理论相关。无论某一理论是否为一整套问题提供了答案,它都不依赖于人——个人或集体——的心理意向或生理需要。他可能对这些问题不感兴趣,或对理论无知,或太愚蠢以至于理解不了它,或太偏执以至于不利用它:理论一旦创立,就在客观上为试图解决这些问题的思维提供了一种约束性规范。但是,对于给定的一系列经验材料,这并不是唯一可能的理论。其他的理论可能已经创立或在以后可能会创立,它们为同一问题提供了不同的答案,如天文学中的托勒密理论与哥白尼理论,生物学中的拉马克理论与达尔文理论,文化人类学中的平行独立的进化论和传播论。

既没有逻辑的标准,也没有经验的标准,可以认为如果将这些互不相同的理论之一判断为真,则所有其他理论必定为假。
188 从理论的内部结构一致性,以及足以解决自身领域内的问题这一意义上讲,每一个理论都可能为“真”;答案之间的差别只意味着它们对同一经验材料做了不同的使用,只意味着在它们所涉及的取之不尽的具体经验材料财富中,各人从在科学上对解答问题有意义的角度选取了不同的要素和关系。但是同样,这也并不意味着对理论的选择是主观任意的。因为归纳科学拥有据以相互比较、评估相对有效性的客观标准。假如有两个理论A与B,涉及同一经验领域,如果B解决了A已解决的全部问题，还能解决 A 所不能解决的其他问题，那么，从理性与经验的观点看，在理论有效性上 B 优于 A。因为，如果不是理论结构更具内在一致性的话，B 作为真理体系也比 A 包罗了更多内容；而 B 提出的新问题意味着，B 最初发现或紧跟着发现了未知的经验材料，或发现了未知的元素和关系，而这些都存在于 A 没有使用的科学材料中。

但是，这种关于理论的相对科学有效性的比较，至今并没有结束理论之间的关系问题。理论并非孤立抽象地存在于无穷无尽的柏拉图理念世界之中：它们被创造出来，它们继续存在于知识的历史发展过程之中。如果某一理论还没有解决自己以前所发现的问题，那么，发现此理论所不能解决的客观问
题就是不可能的了。理论之假说，通过它们在适用性范围之 189
外的失败，向探索者们指明了一条通向发现新问题的道路；这是创造性研究的最初阶段，其结果是创立一种更为有效的理论。因此，每一种科学理论既是结果也是开端；它从先前的理论中生长出来，取而代之，然后又成为下一个将取代它的后续理论的发源地。

按照这一科学知识概念，归纳科学家的功能就是通过创造新的相对真理体系，参与客观科学思想的发展，这种真理体系建立在前辈不太有效的体系之上，同时又成为后续的更为有效的体系的基础。

归纳理论家的分化

并不是所有参与知识的创造性发展并对其加以反思的人，都以同一方式构想他们的功能的历史意义。研究自然现实，尤其是致力于物理科学的科学家，在诠释此一历史意义时，与探索文化材料这一经验领域的科学家-人文学者不同。

前者不喜欢放弃逻辑上完美的、绝对确定的理性真理体系的指导性理想。因为他们的知识与数学的联系日渐紧密。纯粹
190 数学的发展并没有屈从于相对性，相对性是所有关于经验材料的归纳理论知识的标志。数学既不像学术知识所主张的那样从已确立的真理中演绎出新真理，也不是用新体系替代旧体系，而是创造出新的体系，使旧体系可从中逻辑地演绎出来。这是因为数学不是知识——在学术意义上或现代归纳术语意义上；它没有指涉自身以外的任何对象。它是在任意的、无意义的符号之间日益生长的一种形式的、逻辑上标准化的关系结构。只是当这些符号用于指称科学事实，赋予它意义时，数学才成为科学理论的一种符号表述。如果它们是归纳理论，就像在现代物理学中那样，那么它们就像所有归纳知识一样，是相对的。但是，一些物理学家不承认数学与用数学符号化的物理学理论之间存在这一区别。对他们来说，数学不仅是关于经验事实的抽象归

纳知识的符号表述,还构成了关于经验事实本身的知识。这一观念与前一章中讨论的那些认为知识只是一个符号系统的学派的旨意是一致的;结果,这部分物理学家与符号逻辑的构造者之间的合作日渐紧密,符号逻辑构造者在理论物理学中看到了他们自身无法发现的绝对真理知识的本体论基础。按照这种数理哲学,宇宙的最核心本质就是按数学秩序构成的。"上帝是数 191
学家。"每一个用数学表达的关于物理事实的事实,在其自身范围内是绝对真理总体中的一部分。如果我们现今的物理知识作为整体持续不断地变化,显示出它至今还不是绝对确实,那只是因为这种知识还不完备,还没有加以最后的数学系统化。但由于我们时刻在发现新的物理数学真理,因此,我们的知识发展将逐渐接近于物理宇宙完美无缺的数学综合这一理想极限。在这里,理论探索者仿佛就是向着绝对真理与包罗万象的知识进军的精兵强将中的一员。

这不是那些文化研究者构想中的理论探索者角色,文化研究者从历史的观点来看待理论探索者角色,并把知识史与其他文化成就领域的历史加以比较。语言学家、文学史家与理论家、从事艺术的学者、宗教狂热分子、社会学家和经济学家,各自都在自己的科学研究领域里发现了许多各不相同的文化体系,每个文化体系(正如知识体系)都声称具备某种形式的客观有效性,虽然形式上不同于理论客观性。一部戏剧、一首交响乐、一幅绘画、一种宗教仪式、一家银行、一支特种部队，各自都有一种特定的、标准化的内在秩序，任何参与其中的人都直接或间接地顺从这一秩序；而且这一秩序凌驾于主观心理体验和冲动的任意性与可变性之上。①

192 文化现实的科学探索者早已克服了圣哲狭隘的排斥性，这些圣哲把自己信仰的宗教奉若唯一真正神圣的宗教；把自己文明中的艺术当作能满足至上的美的原则的唯一艺术；把有益于推进社会发展的社会结构看作道德与政治上唯一正确的结构；把他们及其同类所代表的经济组织奉若真正导向共同幸福的唯一的组织；等等。在当初反对圣哲的朴素教条主义时，许多文化研究者走向了另一个极端，把相对性与主观性等同起来，并企图把大量的、无限多样的文化体系还原为心理学或心理生物学事实，随着批判性探索的进展，事实表明，这种方法使得大多数涉及文化的理论问题不仅无法解决而且无法被发现。否认所有文化体系的客观性，就如同承认只有“我们的”文化体系才是客观的一样天真。

事实上，这是文化研究者在探索巨大而又似乎混乱的经验文化宝藏，探求多种多样理论上未知的片面秩序，而非从个人参

① 每一文化体系都有某些客观的，虽然只是相对的有效性观念，其最初起源也许要追溯到黑格尔哲学；但是，其最重要的意义被黑格尔形而上学的一元论模糊了，其最富有成果的东西也被他自己教义的教条绝对论抑制住了。

与过程中已熟知的或从其他科学中已获知的秩序时，避免困难的最简单方法。当然，一种显示出如何扮演科学家角色的方法 193
将总能轻易地找到许多追随者。在所有的文化研究领域，有若干杰出的科学家充分意识到，发挥归纳理论家的功能在他们的领域中是多么困难，基于这一理由，这些著名科学家急于寻找新的问题。他们正苦心经营一般的启发性原则，这种原则将能使探索者把所有文化体系所主张的、参与这些文化体系的人们体验到的那种客观有效性考虑在内，而且，通过避免对他所研究的材料做出评价性判断，探索者将能维持自己的理论客观性标准。这些原则逐渐地、独立地从文化的各门科学中发展而来——因而，它们本质上类似于那些有助于探索者理解自己作为理论体系的构造者角色的原则。

如我们所见，在知识领域中，探索者正自由地推进永不停息、未曾预料的变化，并承认这是正常的。在其他的每一个文化领域，同样可以见到这种变化，虽然并不是处处都变化得如此迅速，或是被造成这些变化的人如此自觉地认识到。如果进行彻底全面的研究，可以证明文化变迁就是一个文化体系依据不同模式被建构的序列，在此序列中，新体系取代了旧体系。而这一过程又可类似地解释为理论体系的演进。每一个文化体系——语言的、艺术的、宗教的、社会的、经济的、技术的体系——体现了受规范支配的活动的一定模式，人们在解决生活中遇到的某 194

些问题时会遵循这一模式。体系随问题的特征与范围而变，这些问题可以按照它们的规范模式加以解决。如果某一理论不适于解决历史发展过程中出现的新问题——通常是历史自身扩展的结果——那么，面临这些问题的人就提出另一类体系替代之。

然而，这并不意味着任何一个体系可以完全还原为另一体系。因为，即使新体系除了解决新问题外，还能解决旧体系已解决的所有问题——事实并非总是如此——每个体系解决问题的方式仍然不同。每个体系都为人类生活增添某些按照其他模式构造的体系都不能提供的东西。被遗忘的语言、早期的艺术作品、古代宗教和古老的社会组织形式，大体上被现代文化产品取代了，但没有被充分吸收；即使现代机器技术几乎没有留下手工技术能解决而它却不可解决的问题，前者也没有完全取代后者，因为古老的工艺行动模式不同于现代工艺行动模式。事实上，当古老的文化产品在物质上遭到毁灭后，许多古老的文化模式仍然存活了下来，与现代模式一起继续为人们所用（虽然不太广泛），这一事实证明任何领域的早期文化都不可还原为后期文化；显然，古老的文化模式为某些文化问题提供的解答仍然令某些人满意。

195 知识的进化难道不是一样吗？有些人相信绝对真理，把它当作逐渐趋近而又至高无上的绝对真理，他们的观点比较流行，即认为与艺术、文学、宗教和社会组织相比，在下列意义上科学呈现了连续的、无限制的“进步”，即旧理论中有效的东西被归并到新理论之中，只有那些无价值的东西被抛弃掉。但是，习惯于把相对但客观的有效性概念应用到所有文化体系中的历史学家，几乎不会同意这一观点。在他们看来，在与其他体系的理论相关性这一点上，没有一个知识体系是完全可还原的，无论其他体系在解决多种多样的问题的能力上有多大优势。比如，当我们承认，现今每一个知识分支中的科学理论相对于古希腊哲学家的理论要确凿有效得多时，历史学家不会同意下列论点，即现代思想已经使得亚里士多德或柏拉图哲学完全失去意义，并在按照他们自己的方式解决那些问题的范围内，剥夺了他们的理论有效性。

况且，最近的文化现实探索者发现，没有一个文化领域的进化是朝着一个明确的，可以用历史过程中某些终极的、至高无上的极限加以标明的方向前进的。相反，任何一个文化体系都可能经常成
为不同文化发展道路的起点，每一条道路都通向几个意想不到的， 196
在不同方向上进一步进化的可能性。在知识史上，这种不停成长的新的、发散的理论探索道路是清晰的。现代数学物理学只是其中的一条道路，它迟早又会分裂成几条新的意想不到的道路。

因此，按照文化探索的观点加以分析，科学理论的相对性无法通过接受绝对有效的知识体系这一理想来克服，虽然知识体系正通过双重过程——创造越来越有效的理论与抛弃过去不太有效的理论——逐渐趋近这一理想。但是，知识领域中的相对

主义，会不会像怀疑主义一样，转而反对自己，搬走理论有效性的基石呢？

我们的当务之急不是为关于理论有效性的相对主义观念辩护，而只是想表明，当理论探索者被视为文化历史进化过程中一名创造性的参与者时，相对主义是如何以及为何或隐或显地为理论探索者的社会角色奠定了基础。我们能够理解，借助用来反对怀疑主义的古典论据来驳斥这一观念，只是文字逻辑学家肤浅的遁词。因为，那些相信每一个理论都是相对有效的人，没有断言知识作为整体只具有相对的有效性。他们的理论不只是对科学理论的共同特征进行抽象概括，而且采取综合的、动态的
197 知识观，即把知识看作日积月累、不断成长的理论体系整体，每个体系相对来说都是真的，所有体系聚合为一体，包含了绝对的有效性形式，但用学术意义上的“真理”一词来表达它是不适宜的。在现代历史学家与哲学家当中，有对艺术类似的看法：每一件艺术作品的审美价值是相对的，因为它只是解决了许多审美问题中的一些，只符合某些审美标准，但与其他审美标准不相符合；然而艺术作为整体不是相对的，因为所有能构想出来的审美问题在审美发展过程找到了合适的答案，这里有一些能满足每一个审美标准要求的艺术品。

关于理论有效性的相对主义观念，为摆脱教条的确定性和怀疑论者的疑虑指明了唯一的道路，并使相对主义与主观主义、

客观有效性与绝对主义区分开来。知识有效性的相对主义观念还没有充分发展起来；的确，只有归纳的、不做价值判断的知识科学——我们已在第一章中提到，这一门科学还未形成——能使之充分发展。但是，如果这一观念被人们接受，我们将看到如何用这一观念去分析科学家的社会角色。

科学家是创造者，他的工作——是连接过去与未来的唯一不可还原的纽带——作为流动的元素汇入总的、日益增长的人类知识长河中去。我们说的是“人类的知识”（knowledge of mankind），因为所有人，从无法追溯的历史源头一直到未知的历史终点，都以各种方式不同程度地参与或将要参与知识的构造。但我们不说“人的知识”（human knowledge），因为人类知识作为整体，在构成知识体系的客观成分与结构中，慢慢地脱离 198
“人的本性”而高居其上，把个人与集体抛在脑后。

我们曾经听到学者们骄傲的声音，他们为人类尊严辩护，主张微不足道的生物——人——有能力仅靠自己的理性**发现**绝对真理。难道科学家-探索者不能骄傲地称自己为那些人中的一员吗？他们通过共同的努力，**创造**出蕴藏着无限财富、走向令人赞叹的完美境界的相对真理的超人世界，从而把人类引向梦想不到的智力成就的高峰。

也许，历史上没有一个时期比现在更需要维护人的内在尊严。 199

附录　兹纳涅茨基的《知识人的社会角色》

罗伯特·K. 默顿(1941年)

弗洛里安·兹纳涅茨基指出,社会学是一门专门学科,而不是百科全书式的社会科学,在许多方面,他是这种社会学最著名的阐释者。在一套引人注目的丛书中,约二十年来,兹纳涅茨基一贯向人们表明,社会学对于分析人类的互动与文化做出了特殊的贡献。这套书向人们展现了一种值得注意的理论整合:它不是来自教条的信念,而是来自对新材料的探索,这种探索是在已被证明非常有用的概念框架指引下进行的。在这套丛书中,兹纳涅茨基最近出版的一本书尤其与上述目的合拍——这本书的前身是哥伦比亚大学朱利斯·比尔基金会的讲座材料,研究科学家的社会学——因为,直到1939年9月,《波兰科学》和《方法论原则》(*Organon*)一直设在波兰,这两份杂志专门研究"科学的科学",也就是科学的心理学、社会学、历史学与哲学。

在研究知识专家(通览全书,科学家、博学之士与知识人同义使用,并粗略地指知识专家)时,兹纳涅茨基为自己设立了两大类问题。第一类问题属于分类学范畴:各种类型的科学家的社会角色的成分与结构是什么?角色之间的内在联系是怎样的?角色的发展道路如何?第二类问题,在社会秩序中,那些定义科学家行为的规范模式如何影响(如果这种影响存在的话)知识系统与博学方法?正是这些问题的形成清楚地表明,兹纳涅茨基并没有把知识社会学问题与关于知识的社会学理论(一种专门的认识论)混为一谈。实质上这是一项知识社会学研究,而不是对于客观有效的知识的基础的论述。

兹纳涅茨基把社会角色设想为一个动态社会系统,包括四个相互作用的元素。(1) 社会圈子:一群与行动者相互作用并评价他的成绩的人(一群有力的拥护者);(2) 行动者的自我:他的身份使他具有的身体与心理特征;(3) 行动者的社会地位:他的身份允许他的行为、免除他的义务;(4) 行动者的社会功能:他对社会圈子做出贡献。这一范式规定了对社会角色进行系统比较时必须考察的最起码的因素。

当然,仅仅列出兹纳涅茨基对科学家角色所做的分类,不足以表明这一分类框架的分析用途。然而,这至少表明了他的分析据以表达的分类框架。兹纳涅茨基重新构造了从一个角色向另一个角色发展的可能路径,下面的分析没有涉及这一方面。

知识人的社会角色类型

A. 技术顾问

1. 技术专家：一位诊断家，他规定情境的相关材料、材料的基本成分及其内在联系，以及为有计划的集体工作提供理论基础；他执行着“参谋”或顾问的功能。

2. 技术领导者：一位行政-指挥官，他设计规划，选择执行计划所需的工具，所有这些建立在一系列面向实用的各种知识的基础之上。

B. 为其团体、教派和阶层提供智识辩护的圣哲①

	现存趋势的辩护者	所持准则与现存秩序或反对派不相容的理想主义者
1. 保守主义者	(a)“顽固不化分子”	(b) 改良主义者
2. 创新主义者	(a)“反对分子”	(b) 革命者

C. 学者(某个学派的正统信徒)

1. 神学学者：通过严格忠实地复制符号表述，使神赐真理永恒化；负责维持自足的、稳定的、不可挑战的、圣洁的、不变

① 应该注意这些角色与曼海姆的观念学家和空想家概念之间富有启发性的比较。我所提供的四重表及其各种类型，都明显地暗含在兹纳涅茨基的著作中(边码第 72—77 页)。

的真理系统。

2. 世俗学者：包括下列各种子类型，

（a）真理的发现者：创立“思想学派”，主张由理性证据确定性加以证实的“绝对真理”。

（b）组织者：按照发现者已确立为自明的第一原理进行演绎，检验某些领域的现存知识总体，并将其组织到一个连贯的系统中去。

（c）贡献者：做出新的发现，人们含蓄或明确地期望这些发现能提供新的、与大师建立的系统相一致的证明；修正“不太令人满意的”归纳证据，直到它能被整合到系统中去，或“能被证明为”应该加以拒弃。

（d）真理的战士：在论战中使学者们相信，他的学派拥有获得理性证据证实的真理主张，从而确保这个学派在逻辑上战胜另一个学派。（这与有偏见的宗派圣哲不同，他们往往把论战局限于一个封闭区域，只让那些认为真理具有主导价值的人参加争论）。

（e）知识散播者

（1）普及推广者：在成年人中间激发他们对知识的业余兴趣，促使大众支持学术，尤其是民主化社会中的学术。

（2）教育者：把理论知识作为他们非职业教育的一

部分传授给年轻一代。

D. 知识创造者(探索者)

1. 事实发现者(事实寻找者):发现至今未知和未曾预料的经验材料,这些资料在很大程度上可以作为现存知识系统之修正的基础。
2. 问题发现者(归纳理论家):发现新的和未曾预见的理论问题,这些问题有待新的理论建构来解决。

应该注意到,这是对社会角色的分类,而不是对人的分类,每一个知识人都可能兼任几个这些在分析上加以区别的角色。对兹纳涅茨基的分析做进一步发展,或许能对角色转移出现的条件做出陈述。

兹纳涅茨基娴熟地追溯了这些角色成分之间的关系;角色定义与知识类型的关系;知识类型与社会成员对科学家做出正面评价的基础之间的关系;规范的角色定义与对实用的理论知识所抱的态度之间的关系;等等。这些关系都从发生学和功能的角度加以考察。此篇评论短小,甚至无从开列这些关系,但只需略举一二例,就能说明上述系统的发现。

扮演不同知识角色的人,对待"新的未曾预料的事实"有各种各样的态度,兹纳涅茨基对其做了虽然简短但富有教益的总结,从中可以发现,它令人信服地证明了兹纳涅茨基的方法所具有的价值。应该注意的是，只有从知识人参与的特定角色系统中才能"理解"（或"推导出"）这种种不同的态度；换句话说，这是对下述情况的一种分析，即各种社会结构以什么样的方式施加压力，以使人们接受对新的经验资料的看法。对寻找新事实具有专门的兴趣，被认为是对现有思想体系的反叛，这些思想体系持续生存下来主要是因为它们没有面对过新鲜的、难以对付的事实。可以肯定，后来甚至这一"反叛"活动也体制化了，但它的出发点是反对基础牢固的、具有特权的知识系统。技术领导者纯粹对新事实抱怀疑态度，因为它们可能摧毁人们对于他已确定的计划的合理性的信念，或显示他的计划无效，或揭示出他的规划中并不希望出现的结果。在他的活动范围内，新事实威胁着他的社会地位。在技术领导者的控制下，技术专家在寻找新事实方面会受到限制，以免他发现不受欢迎的新事实（比如，抑止新的但"不需要的"发明）。对圣哲而言，结论早已确定，公正无私的新事实观察者对他来说没有用处，因为这可能使他带有偏见的观点处于窘境。学者对真正的新事实持肯定或否定态度，这要看学派系统体制化的程度：在最初阶段新事实至少是可接受的，但是，一旦系统充分形成，对这个学派的智识信念就会排斥对新发现的积极肯定态度。因此，"一个事实发现者，在探索未知时可以自由纵横驰骋，但在拥有充分调控的传统角色的科学家群体中没有任何地位"。兹纳涅茨基对这类知识恐新症做了开拓性的分析，帕累托基本上把这种现象视为理所当然，而不是一个需要研究的问题。

按照类似的方式，兹纳涅茨基向人们表明，神学思想学派之间的论争是如何导致世俗化的。最一般的命题是：冲突作为社会互动的一种类型，至少以三种方式致使神学知识部分地世俗化。首先，只要对立学派双方接受不同的神学传统或对同一传统做不同的解释，那么，以通常的方式诉诸神学权威在冲突情境中就不起作用了。“理性分析”是公正的裁判官。其次，必须说服群体外成员（非信仰者）相信自己的信仰是值得怀疑的，另一种信仰颇为人们交口称赞。这里又涉及理性或伪理性论证，因为再没有其他不受挑战的权威。最后，神学学派之间的争斗唤醒了知识分子中旁观者的怀疑主义，这种怀疑主义必须加以遏止，以免在“公众”中败坏神学学派的权威。遏止的一种方法又是理性劝说。16、17 世纪期间各清教派别之间争论的历史，虽然兹纳涅茨基没有明确对其加以研究，却提供了一系列经验材料，特别适于用上述框架加以分析。各派都为彼此冲突的观点寻求神学权威，在证实各自主张的合法性过程中，逐渐采纳了一系列精致的理性与经验根据。① 这一历史时期把神学知识引向

① 参见理查德·巴克斯特：《基督教礼拜规则书》（*Christian Directory*, London, 1825），第一卷，第 171 页。一段 1665 年写的话：“他们只知道相信，不知道为什么，或不知道确保信仰的充分理由，他们确实对信仰有一种幻想、梦想或感性的信念。”或参见亨利·莫尔：《信仰确定性之真正基础的简短论述：从宗教观点看》（*Brief Discourse of the True Grounds of the Certainty of Faith in Point of Religion*, London, 1688），第 578 页：“取消所有刚获证的感觉的确定性，就等于取消所有在我们宗教的主要观点看来的信仰的确定性。”

世俗化的动力，按照兹纳涅茨基的术语很容易加以概念化。但是，当学派、教条和权势结构大量出现，因而妨碍着任何单个学派称霸的现象变得昭然若揭之时，人们就会发现一种权宜之计，即互相容忍。

总而言之，这本篇幅短小的著作，为我们整理知识社会学领域纷繁复杂的材料提供了一个概念框架。它又为富足的假说宝库锦上添花，这些假说通常都可以从兹纳涅茨基的早期著作中获得，因而在一开始就有了经验证明的标准。然而，应该指出，本书仅仅是知识人的社会学的一部绪论，无疑，第一个承认这一点的人将是兹纳涅茨基；此外，这本书的导言容易遭到种种批评。它没有提供系统的历史文献，虽然从正文可以推知，拥有大量经验材料是这项工作得以展开的基础。当兹纳涅茨基对从早期社会结构中发展出各种各样角色的方式做一般化阐述时，人们尤其希望他能提供系统的证据。就目前而言，兹纳涅茨基的阐述只是一个似乎合理的重构，这一有待发展的框架面临许多不利条件。他的一个主要假说，即角色是通过连续分化形成的，有待经验检验；在获得证实之前只能视为一个猜想。另一方面，如果他能更充分地把角色范式（社会圈子、自我、地位、功能）用于分析每一个所讨论的角色，就会大大提高他这项工作的价值。事实上，他较多地注意到了角色的功能，而对角色成分之间的结构性关系关注不够。这只不过相当于说，兹纳涅茨基拥有的概念是如此丰富，以至于他发现，他只可能先摘取第一批果实中最成熟的部分。即将出现的一些经验研究，诸如洛根·威尔逊的《学术人》(*Academic Man*)，无疑将从兹纳涅茨基为解决这类课题而建立起来的概念框架中受益匪浅。他的角色分类当然只是暂时性的，因而宜于做必要的修正。总之，这是一本富有启发性的书，这一课题未来的研究者谁也不敢忽视它；它是未来事物发展的希望，在某种程度上，这一希望要靠它自己实现。

索引

（条目后的数字为原书页码，见本书边码。部分页码中的 n，指位于注释中）

C

D

F

L

P

Q

R

S

T

W

Z

译后记

本书作者弗洛里安·兹纳涅茨基是波兰人，生于1882年。他是波兰社会学的开创者，同时又被人们称作“美国社会学之父”之一。他于1909年获哲学领域的博士学位，但那时已对伦理学的社会根源显示出强烈兴趣。第一次世界大战爆发前不久，他偶遇美国教授W. I. 托马斯，得以赴美从事社会学研究，并与社会学结下不解之缘。他成果卓著，另著有《身处欧美的波兰农民》《社会学方法》《社会行动》，而《知识人的社会角色》是其最具持久影响力的著作。

《知识人的社会角色》一书以“知识人”为研究对象，以角色演变为线索，以文化知识系统为背景，深入剖析了知识人的类别、行动模式以及所创造的知识形态，“知识人”与“行动人”的关系也得到阐述。它对于我们认识社会变革时期各种“知识人”和“行动人”的社会作用肯定大有裨益。因此，本书是一本既有理论性又富有开创性、启发性的专著。

本书在翻译过程中，自始至终得到顾昕同志多方面的热情帮助;我尊敬的导师黄顺基教授在繁忙之中抽身帮助我解决了法语、德语方面的一些疑难问题,在此一并致以最衷心的谢意。

译者才疏学浅,难免有挂一漏万之处,尚祈读者贤达不吝指教。

郑斌祥

于中国人民大学院内

1988 年 4 月

人文与社会译丛

第一批书目

1.《政治自由主义》(增订版),[美]J. 罗尔斯著,万俊人译 118.00 元
2.《文化的解释》,[美]C. 格尔茨著,韩莉译 89.00 元
3.《技术与时间:1. 爱比米修斯的过失》,[法]B. 斯蒂格勒著,裴程译 62.00 元
4.《依附性积累与不发达》,[德]A. G. 弗兰克著,高铦等译 13.60 元
5.《身处欧美的波兰农民》,[美]F. 兹纳涅茨基、W. I. 托马斯著,张友云译 9.20 元
6.《现代性的后果》,[英]A. 吉登斯著,田禾译 45.00 元
7.《消费文化与后现代主义》,[英]M. 费瑟斯通著,刘精明译 14.20 元
8.《英国工人阶级的形成》(上、下册),[英]E. P. 汤普森著,钱乘旦等译 168.00 元
9.《知识人的社会角色》,[美]F. 兹纳涅茨基著,郏斌祥译 49.00 元

第二批书目

10.《文化生产:媒体与都市艺术》,[美]D. 克兰著,赵国新译 49.00 元
11.《现代社会中的法律》,[美]R. M. 昂格尔著,吴玉章等译 39.00 元
12.《后形而上学思想》,[德]J. 哈贝马斯著,曹卫东等译 58.00 元
13.《自由主义与正义的局限》,[美]M. 桑德尔著,万俊人等译 30.00 元

14.《临床医学的诞生》,[法]M. 福柯著,刘北成译 55.00 元
15.《农民的道义经济学》,[美]J. C. 斯科特著,程立显等译 42.00 元
16.《俄国思想家》,[英]I. 伯林著,彭淮栋译 35.00 元
17.《自我的根源:现代认同的形成》,[加]C. 泰勒著,韩震等译 128.00 元
18.《霍布斯的政治哲学》,[美]L. 施特劳斯著,申彤译 49.00 元
19.《现代性与大屠杀》,[英]Z. 鲍曼著,杨渝东等译 59.00 元

第三批书目

20.《新功能主义及其后》,[美]J. C. 亚历山大著,彭牧等译 15.80 元
21.《自由史论》,[英]J. 阿克顿著,胡传胜等译 89.00 元
22.《伯林谈话录》,[伊朗]R. 贾汉贝格鲁等著,杨祯钦译 48.00 元
23.《阶级斗争》,[法]R. 阿隆著,周以光译 13.50 元
24.《正义诸领域:为多元主义与平等一辩》,[美]M. 沃尔泽著,褚松燕等译 24.80 元
25.《大萧条的孩子们》,[美]G. H. 埃尔德著,田禾等译 27.30 元
26.《黑格尔》,[加]C. 泰勒著,张国清等译 135.00 元
27.《反潮流》,[英]I. 伯林著,冯克利译 48.00 元
28.《统治阶级》,[意]G. 莫斯卡著,贾鹤鹏译 98.00 元
29.《现代性的哲学话语》,[德]J. 哈贝马斯著,曹卫东等译 78.00 元

第四批书目

30.《自由论》(修订版),[英]I. 伯林著,胡传胜译 69.00 元
31.《保守主义》,[德]K. 曼海姆著,李朝晖、牟建君译 58.00 元
32.《科学的反革命》(修订版),[英]F. 哈耶克著,冯克利译 58.00 元

33.《实践感》,[法]P. 布迪厄著,蒋梓骅译 75.00 元
34.《风险社会:新的现代性之路》,[德]U. 贝克著,张文杰等译 58.00 元
35.《社会行动的结构》,[美]T. 帕森斯著,彭刚等译 80.00 元
36.《个体的社会》,[德]N. 埃利亚斯著,翟三江、陆兴华译 15.30 元
37.《传统的发明》,[英]E. 霍布斯鲍姆等著,顾杭、庞冠群译 68.00 元
38.《关于马基雅维里的思考》,[美]L. 施特劳斯著,申彤译 78.00 元
39.《追寻美德》,[美]A. 麦金太尔著,宋继杰译 68.00 元

第五批书目

40.《现实感》,[英]I. 伯林著,潘荣荣、林茂译 30.00 元
41.《启蒙的时代》,[英]I. 伯林著,孙尚扬、杨深译 35.00 元
42.《元史学》,[美]H. 怀特著,陈新译 89.00 元
43.《意识形态与现代文化》,[英]J. B. 汤普森著,高铦等译 68.00 元
44.《美国大城市的死与生》,[加]J. 雅各布斯著,金衡山译 78.00 元
45.《社会理论和社会结构》,[美]R. K. 默顿著,唐少杰等译 128.00 元
46.《黑皮肤,白面具》,[法]F. 法农著,万冰译 58.00 元
47.《德国的历史观》,[美]G. 伊格尔斯著,彭刚、顾杭译 58.00 元
48.《全世界受苦的人》,[法]F. 法农著,万冰译 17.80 元
49.《知识分子的鸦片》,[法]R. 阿隆著,吕一民、顾杭译 45.00 元

第六批书目

50.《驯化君主》,[美]H. C. 曼斯菲尔德著,冯克利译 68.00 元
51.《黑格尔导读》,[法]A. 科耶夫著,姜志辉译 98.00 元
52.《象征交换与死亡》,[法]J. 波德里亚著,车槿山译 68.00 元
53.《自由及其背叛》,[英]I. 伯林著,赵国新译 48.00 元

54.《启蒙的三个批评者》,[英]I. 伯林著,马寅卯、郑想译 48.00 元
55.《运动中的力量》,[美]S. 塔罗著,吴庆宏译 23.50 元
56.《斗争的动力》,[美]D. 麦克亚当、S. 塔罗、C. 蒂利著,李义中等译 31.50 元
57.《善的脆弱性》,[美]M. 纳斯鲍姆著,徐向东、陆萌译 55.00 元
58.《弱者的武器》,[美]J. C. 斯科特著,郑广怀等译 82.00 元
59.《图绘》,[美]S. 弗里德曼著,陈丽译 49.00 元

第七批书目

60.《现代悲剧》,[英]R. 威廉斯著,丁尔苏译 45.00 元
61.《论革命》,[美]H. 阿伦特著,陈周旺译 59.00 元
62.《美国精神的封闭》,[美]A. 布卢姆著,战旭英译,冯克利校 68.00 元
63.《浪漫主义的根源》,[英]I. 伯林著,吕梁等译 49.00 元
64.《扭曲的人性之材》,[英]I. 伯林著,岳秀坤译 22.00 元
65.《民族主义思想与殖民地世界》,[美]P. 查特吉著,范慕尤、杨曦译 18.00 元
66.《现代性社会学》,[法]D. 马尔图切利著,姜志辉译 32.00 元
67.《社会政治理论的重构》,[美]R. J. 伯恩斯坦著,黄瑞祺译 72.00 元
68.《以色列与启示》,[美]E. 沃格林著,霍伟岸、叶颖译 128.00 元
69.《城邦的世界》,[美]E. 沃格林著,陈周旺译 85.00 元
70.《历史主义的兴起》,[德]F. 梅尼克著,陆月宏译 48.00 元

第八批书目

71.《环境与历史》,[英]W. 贝纳特、P. 科茨著,包茂红译 25.00 元
72.《人类与自然世界》,[英]K. 托马斯著,宋丽丽译 35.00 元

73.《卢梭问题》,[德]E. 卡西勒著,王春华译 39.00 元
74.《男性气概》,[美]H. C. 曼斯菲尔德著,刘玮译 28.00 元
75.《战争与和平的权利》,[美]R. 塔克著,罗炯等译 25.00 元
76.《谁统治美国》,[美]W. 多姆霍夫著,吕鹏、闻翔译 35.00 元
77.《健康与社会》,[法]M. 德吕勒著,王鲲译 35.00 元
78.《读柏拉图》,[德]T. A. 斯勒扎克著,程炜译 68.00 元
79.《苏联的心灵》,[英]I. 伯林著,潘永强、刘北成译 59.00 元
80.《个人印象》,[英]I. 伯林著,林振义、王洁译 35.00 元

第九批书目

81.《技术与时间:2. 迷失方向》,[法]B. 斯蒂格勒著,
赵和平、印螺译 59.00 元
82.《抗争政治》,[美]C. 蒂利、S. 塔罗著,李义中译 28.00 元
83.《亚当·斯密的政治学》,[英]D. 温奇著,褚平译 21.00 元
84.《怀旧的未来》,[美]S. 博伊姆著,杨德友译 85.00 元
85.《妇女在经济发展中的角色》,[丹]E. 博斯拉普著,陈慧平译 30.00 元
86.《风景与认同》,[美]W. J. 达比著,张箭飞、赵红英译 68.00 元
87.《过去与未来之间》,[美]H. 阿伦特著,王寅丽、张立立译 58.00 元
88.《大西洋的跨越》,[美]D. T. 罗杰斯著,吴万伟译 108.00 元
89.《资本主义的新精神》,[法]L. 博尔坦斯基、E. 希亚佩洛著,
高铦译 58.00 元
90.《比较的幽灵》,[美]B. 安德森著,甘会斌译 79.00 元

第十批书目

91.《灾异手记》,[美]E. 科尔伯特著,何恬译 25.00 元

92.《技术与时间:3. 电影的时间与存在之痛的问题》,
[法]B. 斯蒂格勒著,方尔平译 65.00 元
93.《马克思主义与历史学》,[英]S. H. 里格比著,吴英译 78.00 元
94.《学做工》,[英]P. 威利斯著,秘舒、凌旻华译 68.00 元
95.《哲学与治术:1572—1651》,[美]R. 塔克著,韩潮译 45.00 元
96.《认同伦理学》,[美]K. A. 阿皮亚著,张容南译 45.00 元
97.《风景与记忆》,[英]S. 沙玛著,胡淑陈、冯樨译 78.00 元
98.《马基雅维里时刻》,[英]J. G. A. 波考克著,冯克利、傅乾译 108.00 元
99.《未完的对话》,[英]I. 伯林、[波]B. P. -塞古尔斯卡著,
杨德友译 65.00 元
100.《后殖民理性批判》,[印]G. C. 斯皮瓦克著,严蓓雯译 79.00 元

第十一批书目

101.《现代社会想象》,[加]C. 泰勒著,林曼红译 45.00 元
102.《柏拉图与亚里士多德》,[美]E. 沃格林著,刘曙辉译 78.00 元
103.《论个体主义》,[法]L. 迪蒙著,桂裕芳译 30.00 元
104.《根本恶》,[美]R. J. 伯恩斯坦著,王钦、朱康译 78.00 元
105.《这受难的国度》,[美]D. G. 福斯特著,孙宏哲、张聚国译 39.00 元
106.《公民的激情》,[美]S. 克劳斯著,谭安奎译 49.00 元
107.《美国生活中的同化》,[美]M. M. 戈登著,马戎译 58.00 元
108.《风景与权力》,[美]W. J. T. 米切尔著,杨丽、万信琼译 78.00 元
109.《第二人称观点》,[美]S. 达沃尔著,章晟译 69.00 元
110.《性的起源》,[英] F. 达伯霍瓦拉著,杨朗译 85.00 元

第十二批书目

111.《希腊民主的问题》,[法]J. 罗米伊著,高煜译　48.00 元
112.《论人权》,[英]J. 格里芬著,徐向东、刘明译　75.00 元
113.《柏拉图的伦理学》,[英]T. 埃尔文著,陈玮、刘玮译　118.00 元
114.《自由主义与荣誉》,[美]S. 克劳斯著,林垚译　62.00 元
115.《法国大革命的文化起源》,[法]R. 夏蒂埃著,洪庆明译　38.00 元
116.《对知识的恐惧》,[美]P. 博格西昂著,刘鹏博译　38.00 元
117.《修辞术的诞生》,[英]R. 沃迪著,何博超译　48.00 元
118.《历史表现中的真理、意义和指称》,[荷]F. 安克斯密特著,周建漳译　58.00 元
119.《天下时代》,[美]E. 沃格林著,叶颖译　78.00 元
120.《求索秩序》,[美]E. 沃格林著,徐志跃译　48.00 元

第十三批书目

121.《美德伦理学》,[新西兰]R. 赫斯特豪斯著,李义天译　68.00 元
122.《同情的启蒙》,[美]M. 弗雷泽著,胡靖译　48.00 元
123.《图绘暹罗》,[美]T. 威尼差恭著,袁剑译　58.00 元
124.《道德的演化》,[新西兰]R. 乔伊斯著,刘鹏博、黄素珍译　65.00 元
125.《大屠杀与集体记忆》,[美]P. 诺维克著,王志华译　78.00 元
126.《帝国之眼》,[美]M. L. 普拉特著,方杰、方宸译　68.00 元
127.《帝国之河》,[美]D. 沃斯特著,侯深译　76.00 元
128.《从道德到美德》,[美]M. 斯洛特著,周亮译　58.00 元
129.《源自动机的道德》,[美]M. 斯洛特著,韩辰锴译　58.00 元
130.《理解海德格尔:范式的转变》,[美]T. 希恩著,邓定译　89.00 元

第十四批书目

131.《城邦与灵魂:费拉里〈理想国〉论集》,[美]G. R. F. 费拉里著,刘玮编译 58.00 元

132.《人民主权与德国宪法危机》,[美]P. C. 考威尔著,曹晗蓉、虞维华译 58.00 元

133.《16 和 17 世纪英格兰大众信仰研究》,[英]K. 托马斯著,芮传明、梅剑华译 168.00 元

134.《民族认同》,[英]A. D. 史密斯著,王娟译 55.00 元

135.《世俗主义之乐:我们当下如何生活》,[英]G. 莱文编,赵元译 58.00 元

136.《国王或人民》,[美]R. 本迪克斯著,褚平译(即出)

137.《自由意志、能动性与生命的意义》,[美] D. 佩里布姆著,张可译 68.00 元

138.《自由与多元论:以赛亚·伯林思想研究》,[英]G. 克劳德著,应奇等译 58.00 元

139.《暴力:思无所限》,[美]R. J. 伯恩斯坦著,李元来译 59.00 元

140.《中心与边缘:宏观社会学论集》,[美]E. 希尔斯著,甘会斌、余昕译 88.00 元

第十五批书目

141.《自足的世俗社会》,[美]P. 朱克曼著,杨靖译 58.00 元

142.《历史与记忆》,[英]G. 丘比特著,王晨凤译 59.00 元

143.《媒体、国家与民族》,[英]P. 施莱辛格著,林玮译 68.00 元

144.《道德错误论:历史、批判、辩护》,

[瑞典]J. 奥尔松著,周奕李译 58.00 元

145.《废墟上的未来:联合国教科文组织、世界遗产与和平之梦》,[澳]L. 梅斯克尔著,王丹阳、胡牧译 88.00 元

146.《为历史而战》,[法]L. 费弗尔著,高煜译(即出)

147.《语言动物:人类语言能力概览》,[加]C. 泰勒著,赵清丽译(即出)

148.《我们中的我:承认理论研究》,[德]A. 霍耐特著,张曦、孙逸凡译 62.00 元

149.《人文学科与公共生活》,[美]P. 布鲁克斯编,余婉卉译(即出)

150.《美国生活中的反智主义》,[美]R. 霍夫施塔特著,何博超译 68.00 元

第十六批书目

151.《关怀伦理与移情》,[美]M. 斯洛特著,韩玉胜译 48.00 元

152.《形象与象征》,[罗]M. 伊利亚德著,沈珂译(即出)

153.《艾希曼审判》,[美]D. 利普斯塔特著,刘颖洁译(即出)

154.《现代主义观念论:黑格尔式变奏》,[美]R. B. 皮平著,郭东辉译(即出)

155.《文化绝望的政治:日耳曼意识形态崛起研究》,[美]F. R. 斯特恩著,杨靖译(即出)

156.《作为文化现实的未来:全球现状论集》,[印]A. 阿帕杜拉伊著,周云水、马建福译(即出)

157.《一种思想及其时代:以赛亚·伯林政治思想的发展》,[美]J. L. 彻尼斯著,寿天艺、宋文佳译(即出)

158.《人类的领土性:理论与历史》,[美]R. B. 萨克著,袁剑译(即出)

159.《理想的暴政:多元社会中的正义》,[美]G. 高斯著,范震亚译(即出)

160.《荒原:一部历史》,[美]V. D. 帕尔马著,梅雪芹译(即出)

有关“人文与社会译丛”及本社其他资讯,欢迎点击 www. yilin. com 浏览,对本丛书的意见和建议请反馈至新浪微博@译林人文社科。